Carl Klein

Die Freiheitslehre des Origenes

in ihren ethisch-theologischen Voraussetzungen und Folgerungen im

Zusammenhang mit der altgriechischen Ethik

Carl Klein

Die Freiheitslehre des Origenes
in ihren ethisch-theologischen Voraussetzungen und Folgerungen im Zusammenhang mit der altgriechischen Ethik

ISBN/EAN: 9783743323636

Hergestellt in Europa, USA, Kanada, Australien, Japan

Cover: Foto ©ninafisch / pixelio.de

Manufactured and distributed by brebook publishing software (www.brebook.com)

Carl Klein

Die Freiheitslehre des Origenes

Die
Freiheitslehre des Origenes

in ihren

ethisch-theologischen Voraussetzungen und Folgerungen

im Zusammenhang mit der altgriechischen Ethik.

Inaugural-Dissertation

zur

Erlangung der philosophischen Doctorwürde

vorgelegt der

Hohen philosophischen Facultät der Universität Leipzig

von

Carl Klein

aus Pudelsweiler U.-Els.

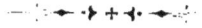

Strassburg.

Buchdruckerei Ch. Müh & Co., Finkmattstaden 2.

1894.

Es ist gewiss nicht zufällig, dass die grosse Alexanderstadt, nicht weniger der Weltmarkt antiker Gelehrsamkeit als das Emporium des alten Welthandels, zugleich auch der Ausgangspunct der christlichen Wissenschaft wurde. War es doch gerade hier, wo besonders auf dem Gebiete der Kunst und des Wissens sich jener Universalismus geltend machte, der erst im Christentum seinen lebendigen Mittelpunct fand. Hier, als dem Herde lebendigen Ideenaustausches, kam es im Lauf der Jahrhunderte zu einer eigentümlichen Verschmelzung orientalischer und abendländischer Denkarten: griechische Philosophie und orientalische Religion einigten sich hier zu Gestaltungen, in denen ein die bisherigen Particularitäten zurückdrängendes, universelles Princip sich aussprach: hier traf das Judentum mit der hellenischen Bildung zusammen, in Folge dessen Theorieen und Lebensformen aufkamen, welche den Gegensatz zwischen dem mosaischen Gedanken eines in der Welt unmittelbar gegenwärtigen und tätigen Göttlichen und der griechischen Idee eines transcendenten Absoluten zu vermitteln suchten in der Gestalt des Logos, der hypostasirten platonischen ὕλη und des Inbegriffs der die Welt schaffenden und erhaltenden göttlichen Kräfte. Doch bei all' diesen edlen Bestrebungen tritt leider der angestrebte Universalismus nur höchst unklar hervor; die Schranken, durch welche die alten

Völker abgegrenzt wurden, völlig zu durchbrechen war er ausser Stande; dies gelang erst dem neu erstandenen Christentum. So sucht noch bei Philo, dem Vertreter der sogenannten alexandrinischen Theosophie, das Judentum seinen particularistischen Standpunct in dem Prärogativ einer auserkorenen Nation festzuhalten; in der häretischen Gnosis ferner taucht die orientalische Besonderheit empor in der fatalistischen Ansicht von der nur einer privilegirten Menschenclasse ermöglichten wahren Teilname an der Religion; den Abschluss aber der ganzen heidnischen Geistesrichtung finden wir in dem Neuplatonismus, welcher im strengen Gegensatz zu dem immer weiter um sich greifenden Christentum die alte Volksreligion durch den Beisatz orientalischer Mystik zu restituiren suchte.

Alle diese verschiedenen, ausserchristlichen Formationen des seinem Grundcharacter nach universellen Zeitgeistes hatten gegen Ende des zweiten Jahrhunderts ihren Hauptsitz in Alexandrien. Dass nun in einer solchen Zeit der allgemeinen Gährung und Auflösung naturgemäss ein Aufnehmen und Abgeben fremder und eigener Ideen und Elemente auf dem organischen Weg der Assimilation sich ergeben musste, liegt auf der Hand: Alexandria wurde so auch vorzugsweise die Geburtsstätte der christlichen Religionswissenschaft. Je mehr das aufblühende Christentum an äusserer und innerer Selbständigkeit gewann, desto mehr erheischte es die ganze Lage der Dinge, dass es im lebendigsten Contact mit seinen Gegensätzen einen wissenschaftlichen Character annahm und auf eigene Pflanzschulen theologischer Wissenschaft bedacht war. Es ist also nicht zu verwundern, wenn seine speculativen Schulen sich an bereits vorliegende Denkformen philosophischer Systeme anschlossen. Zwar wollte die classische Bildung der Kirchenlehrer dem christlichen Glauben keinen Eintrag bringen, aber ebensowenig liess diese sich andrerseits beim Aufbau des Dogmengebäudes wie ein Kleid abschütteln. Bei diesem ersten Versuch einer christlichen Gnosis wurde gar oft ganz unbewusst die realistische Betrachtungsweise des Christentums verlassen und in eine nicht gefahrlose, idealistische Richtung eingelenkt: bei allen Kirchenlehrern der drei ersten Jahrhunderte spricht die platonische Weltanschauung leiser oder stärker mit, und was ihre ethischen Principien anbelangt, so berühren sie sich auf eine auffallende Weise mit den Begriffen der stoischen Moral. Allein es wäre eine ebenso historisch wie psychologisch unwahre, dem Geist der Geschichte hohnsprechende Vorstellung, wollte man behaupten, die ersten Lehrer der Kirche hätten ohne Ausnahme ihre Lehrbegriffe ausschliesslich von der alten Philosophie entlehnt, und es seien ihre wesentlichen Dogmen lediglich ein Ausfluss der damaligen Speculation gewesen. Es lässt sich nicht verkennen, dass die Frage von ausserordentlicher Wichtigkeit ist, wie weit jener offenbare, philosophische Syncretismus bei den Kirchenvätern reicht: bei der Beantwortung derselben sind günstige und ungünstige Urteile gefällt worden. einerseits will man die aneignende Kraft des christlichen Geistes nicht vermissen, andrerseits mag man dessen Selbständigkeit nicht verkennen. Wir können uns mit der Ansicht Souverains[1]), der als auf der äussersten Linken stehend nicht nur die wissenschaftliche Lehre des Christentums, sondern die Substanz des specifischen Glaubens selbst auf den Platonismus zurückführt, schlechterdings nicht vertraut machen. So gewiss nämlich die Philosophie mit dem Erscheinen des Christentums weder ihren factischen Bestand noch ihr Recht zu bestehn verloren hat, so gewiss bezeichnet andrerseits der Platonismus auch nicht einen oder wohl gar den wichtigsten Erklärungsgrund für die nächste Entwicklung des Christentums. Den christlichen Theologen alle Originalität abzusprechen und ihre gesammte Theologie aus heidnischen Quellen hervorgehen zu lassen, ist eine hypercritische Annahme, die wir als eine unhistorische zurückweisen müssen.

Der Erste nun von den Kirchenlehrern, der die Aufgabe der Glaubenswissenschaft bestimmt erkannt und ausgesprochen

---

[1]) Le platonisme dévoilé. Colog. (Amsterdam) 1700. Uebers. v. Löffler, Platonism. d. KV. 1792.

hat, ist Origenes: in ihm ist die dogmatische Arbeit bis zu einem in sich mehr oder minder abgeschlossenen System herangereift, von wo wie von einem Brennpunct das gesammelte Licht auf die spätere kirchliche Lehrentwicklung, in erster Linie der griechischen Kirche, ausstrahlt. Sein Hauptbestreben ist darauf gerichtet, die Lehre des christlichen Glaubens mittelst dialectisch-speculativer Auseinandersetzungen zu befestigen; was früher nur in allgemeinen Umrissen angedeutet war, das übernahm er im Zusammenhang auszuführen. Doch sollte die wahre Gnosis, welche er geben wollte, die regula fidei zu ihrer unantastbaren Grundlage nehmen [1]), überhaupt sollte der Nutzen der alten Philosophie lediglich ein propädeutischer und formeller sein. Bei diesem Unternehmen lag selbstverständlich die Gefahr sehr nahe, den reellen Offenbarungsinhalt der christlichen Religion mit philosophischen Ideen und Anschauungen zu versetzen, die auf anderem Boden gewachsen waren, und tatsächlich hat sich manch' ethnisches Element in das religionsphilosophische System des grossen Alexandriners eingeschlichen und so den Inhalt der Dogmen mannigfach getrübt und der specifisch christlichen Unterlage beraubt. Bei diesem Stand der Dinge ergibt sich notwendigerweise, dass für die Wissenschaft, welche den historischen Entwicklungsgang der christlichen Lehren verfolgt und den Potenzen nachgeht, die bei diesem Vorgang tätig gewesen sind, die Frage von nicht geringem Belang sein kann, welcher von den verschiedenen Philosophenschulen Origenes bei der Feststellung seines dogmatischen Systems nun am meisten zu verdanken hat. Verschiedenartig ist diese Frage beantwortet worden: gerade die competentesten Kenner der Origenischen Religionsphilosophie gehn in ihrer Beurteilung weit auseinander: so vertreten Rede-

---

[1]) Vgl. praef. in de princ.: „illa sola credenda est veritas, quae in nullo ab ecclesiastica et apostolica discordat traditione" . . . .
Cf. c. Cels. III. 15; IV. 9: ...

penning und im Grossen und Ganzen die Reihe der Theologen die Ansicht, dass dem platonischen Einfluss mehr Gewicht beizulegen sei als dem der Stoa, und während Thomasius ausschliesslich neuplatonische Elemente nachzuweisen sich bemüht, weiss Ritter durchgängig nur stoische anfzufinden, ein Standpunct, welchen auch der neueste Bearbeiter der Origenischen Philosophie einzunehmen geneigt ist[1]), obwohl er sich ziemlich sceptisch der ganzen Frage gegenüber verhält, und gelegentlich der Erörterung des Verhältnisses zwischen unserm Kirchenlehrer und den griechischen Philosophen sogar so weit geht zu behaupten, dass Origenes zwar die alte Philosophie gekannt und viele Einzelheiten daraus sich angeeignet habe, dass er aber nie gründlich die Principien und ihre Methode erfasst d. h. nie in den wahren Geist der grossen Systeme eingedrungen sei.

Dass ein Einfluss der griechischen Philosophie auf ihn stattgefunden hat, bezweifeln auch wir keinen Augenblick, von welchem System aber insonderheit oder von welchen Schulen überhaupt er influenzirt worden, kann uns vor der Hand gleichgültig sein. In hellem Contrast zu dieser Erscheinung steht die abendländische Kirche, deren Character in dieser Hinsicht conservativer war, sie will von einem philosophischen Christentum Nichts wissen, ist doch in ihren Augen die hellenische Philosophie schlechtweg die Mutter aller Häresieen[2]). Kein Wunder also, wenn die christliche orthodoxe Nachwelt über den weitherzigen alexandrinischen Wissenshelden, welchen der kühne Gedankenflug seiner Philosophie

[1]) Denis „De la philosophie d'Origène" pag. 20: „Je ne nie point qu'il n'y ait beaucoup de platonisme dans le langage d'Origène; mais je me ferais fort de prouver qu'il s'y rencontre encore plus de stoicisme".

[2]) „Was," ruft Tertullian z. B. aus, über die allenthalben sich geltend machende Graecomanie auf's Aeusserste erbittert, „was haben Athen und Jerusalem, was die Academie und die Kirche, was die Häretiker und die Christen mit einander zu tun? Unsre Lehre stammt aus der Halle Salomos, der selbst uns geboten, den Herrn in Herzenseinfalt zu suchen. Die mögen zusehn, was sie tun, die ein platonisches, stoisches dialectisches Christentum vortragen!"

die engen Schranken des hergebrachten kirchlichen Lehrbegriffs durchbrechen liess, das Anathem aussprach.

Sollte nun Origenes, der in so vielen Stücken bei seiner Lehrbildung z. B. in seiner Kosmologie und Teleologie unverblümt auf griechische Anschauungen und Reflexionen recurrirt, so dass seine gesammte Weltanschauung nur verstanden werden kann, wenn man ein richtiges Bild von der alten Philosophie hat — mag er nun hierbei direct aus den Hauptsystemen geschöpft haben oder mag ihm durch die Vermittlung der philonischen oder neuplatonischen Philosophie ein tieferes Verständniss derselben eröffnet worden sein — bei diesem offenkundigen Contact mit der hellenischen Wissenschaft vielleicht auch in der Darstellung seiner Freiheitslehre, des Centralpunctes seines grossartigen Systems, auf der antiken Ethik fussen? Darüber nun soll im Folgenden eine eingehendere Betrachtung der Origenischen Freiheitslehre in ihrem ganzen Umfang, mit ihren Prämissen und Consequenzen, nähere Auskunft erteilen.

Bei dem Gang unsrer Untersuchung wird folgender Plan und Methode befolgt und eingehalten werden: in einem ersten Hauptteil werden wir die Freiheitslehre, so wie sie uns in den Schriften des Origenes entgegentritt, mit ihren Voraussetzungen und Folgerungen zu behandeln haben, sodann werden wir in einem zweiten Abschnitt übergehn zu einer critischen Würdigung derjenigen Seite der Ethik in den griechischen Schulen, welche mit der Lehre über die moralische Freiheit irgendwie in Berührung gebracht werden kann, wobei die verwandten Puncte resp. die Abweichungen in der Auffassung gewisser Begriffe bei den einzelnen Systemen besonders hervorzuheben und mit den analogen Elementen in der Origenischen Freiheitslehre in Vergleich zu ziehen sind; den Abschluss unsrer Untersuchung wird in einem dritten Teile ein kurzer Rückblick bilden, welcher die sich uns aus der angestellten Erörterung ergebenden Folgerungen zu ziehn und den positiven Ertrag in dem Endresultat festzustellen hat.

I.

Es ist ein vergebliches Bemühen, in den drei ersten Jahrhunderten sich nach einem gemeinsam ausgeprägten Lehrbegriff über die ethisch-religiösen Beziehungen des Menschen zu Gott umzusehn: eine planvoll durchgeführte Doctrin über Sünde und Gnade, göttliche Gnadenwirkungen und menschliche Selbsttätigkeit war damals noch nicht vorhanden. Allein hierin stimmen alle Kirchenlehrer dieser Epoche überein, dass die Sünde im Bereich des menschlichen Willens aufzusuchen und dass Gott von aller Schuld freizusprechen sei. Es versteht sich, dass dieser consensus patrum den heissblütigen Gegnern der menschlichen Freiheit von jeher ein Stein des Anstosses gewesen ist, doch der Eine suchte ihn auf diese, der Andre auf jene Weise aus dem Weg zu schaffen, so nahm z. B. Calvin ganz einfach eine Verblendung der betreffenden Kirchenlehrer an. Allein es ist wohl zu beachten, dass man damals noch keineswegs die Alternative stellte, entweder wird die Sünde gesteigert bis zur sittlichen Unfähigkeit und dann wird der Freiheit kein Raum gelassen, oder das Vermögen des Menschen wird als unbehinderte Kraft der Bewegung fortdauernd gedacht, wobei der rettende Beistand Gottes entbehrlich zu sein scheint. Die christliche Lehre, historisch betrachtet, ist von der unbefangenen Anerkennung des freien Willens und Handelns ausgegangen, und erst später, als der Gegensatz beider Auffassungen in dem pelagianisch-augustinischen Lehrstreite zum offenen Widerspruch ausschlug, durch innere Entwicklung dahin gelangt, dessen sittlich gutes Selbstvermögen aus religiös-theologischen Gründen zu negiren. Wenn auch die morgenländische Kirche das αὐτεξούσιον in besonders starkem Masse betonte und auf die Selbstverantwortlichkeit des Menschen ein grösseres Gewicht legte, so war sie doch weit davon entfernt, die Notwendigkeit heilsaneignender Gnadenwirkungen rundweg zu leugnen. Was nun aber speciell die christliche, alexandrinische Schule, welche gar zu gern dem hellenischen Begriff der Vernunft und der Freiheit als der unbeschränkten Macht der Selbstbestimmung huldigte und so dem αὐτεξούσιον, hinter welchem als einer breiten Schutzwehr sich die letzten Probleme des Lebens bargen, ein gewisses Uebergewicht einräumte, zumeist drängte, dieses Moment mit Nachdruck zu betonen, war in erster Linie der Gegensatz gegen die stoische Auffassung von einem Fatum, welches die sittliche Freiheit im Menschen auf ein Minimum reducirte, und weiter der Antagonismus gegen die Lehre der Gnostiker, nach welcher ein Kreis von Erwählten mit vollkommeneren Naturen geschaffen war, die vermöge ihrer ursprünglich guten Anlage zu einer den mit einer schlechteren Anlage Ausgestatteten vorenthaltenen Seligkeit berufen waren. Diesen beiden Theorieen gegenüber musste im Interesse des ethischen Characters des Christentums die Willensfreiheit des Individuums gewahrt werden, eine Aufgabe, welcher sich die Alexandriner bereitwilligst unterzogen haben. Während aber bei ihren löblichen Bestrebungen, wie bereits bemerkt, das Princip der freien Selbstbestimmung in den Vordergrund geschoben wurde, und der Begriff der sittlichen Freiheit als des Vermögens der Wahl zwischen gut und bös als ein Fundamentalartikel in ihre Lehre aufgenommen und für ihre Gesammtanschauung massgebend ward, trat das Bewusstsein der sittlichen Ohnmacht und der Notwendigkeit göttlicher Gnadenwirkung zurück und spielte in dem ganzen Heilsprocess lediglich eine secundäre Rolle.

Am Besten wird diese Richtung repräsentirt von Origenes, der in der freien Selbstbestimmung des Menschen wohl die

Quelle alles Bösen, aber auch den Motor aller sittlich-guten Regungen, alles Fortschreitens zur Vollkommenheit erblickt. In dem αὐτεξούσιον (ἐϕ'ἡμῖν, ἡγεμονικόν), worunter er die creatürliche Wahlfreiheit versteht, liegt der Schlüssel des Welträtsels, auf die Arten seiner Betätigung führt er die in der Welt sich vorfindenden, tiefgreifenden Unterschiede der Wesen zurück. Man hat die eine den Ausgangspunct seines grossartig angelegten Systems bildende Idee auf mannigfache Weise festzustellen gesucht: der Kirchenhistoriker Gieseler z. B. findet sie in den beiden Hauptgrundsätzen, „dass der Gottesbegriff von allen anthropologischen Nebenbegriffen frei gehalten werde, und dass der Zustand der Vernunftwesen das Ergebniss ihrer unveräusserlichen Freiheitsbetätigung sei": nach Thomasius[1]) wäre der bewegende Grundgedanke der Origenischen Lehre einzig und allein in die Idee von Gott als dem absolut Seienden, der als solcher der Gute und Gerechte wäre, zu setzen: dagegen lässt sich mit Recht mit dem Tübinger Baur einwenden, „dass diese beiden Eigenschaften zwar das Princip der Weltschöpfung und das Gesetz der Weltordnung erklären, aber die Frage, woher die in der Welt bestehenden Differenzen und Gegensätze stammen, wird nicht aufgeworfen". Unsers Erachtens hat Gieseler, dem Münscher und Baur sich anschliessen, vollkommen das Richtige getroffen, wenn er als die Hauptgrundsätze, auf denen das ganze speculative System des Origenes beruht, die abstracte Absolutheit Gottes und die unbeschränkte Freiheit der Vernunftwesen angibt.

Um jedoch die speculative Bedeutung der Origenischen Freiheitslehre recht zu erfassen und sie im Zusammenhang seines ganzen Systems zu würdigen, werden wir sie mit der Lehre von der Welt (der übersinnlichen und gegenwärtigen) zusammennehmen, zu welcher sie in der unmittelbarsten Beziehung steht. Gerade hierin hat sich das philosophische Element seines Denkens ganz besonders ausgeprägt und nur

[1]) „Origenes, ein Beitrag zur Dogmengeschichte des 3. Jahrhunderts."

im Zusammenhang mit seiner Freiheitslehre sind wir im Stande, seine geistreichen Untersuchungen über die Geisterwelt, die Schöpfung dieser sinnlichen Welt, das sittlich Gute und Böse u. s. w. zu begreifen. Zuvor aber noch ein Wort über die von uns benutzten Schriften unsers Kirchenlehrers: bekanntlich gehört Origenes zu den fruchtbarsten Schriftstellern der alten Kirche, leider ist uns aber von seinen zahlreichen Werken nur der kleinste Teil erhalten worden und auch dieser meistens nur in Bruchstücken oder in lateinischen Uebersetzungen. Indessen sind wir in der Lage aus dem, was auf uns gekommen ist, eine relativ sichere Beurteilung seiner Denkweise und Lehrentwicklung zu gewinnen. Besonders wichtig sind seine Commentare zu dem Johannes- und Matthäusevangelium, zur Genesis und zum Römerbrief, ferner die acht Bücher gegen Celsus zur Verteidigung des Christentums, die Fragmente aus seinen beinahe ganz verloren gegangenen wertvollen Arbeiten der στρωματεῖς und περὶ ἀναστάσεως, vorzugsweise aber seine Schriften über das Gebet und über die Grundlehren. In letzterem Werk liegt der erste Grundriss eines Lehrgebäudes der christlichen Wahrheit vor, und in dieser Hauptschrift wird der Lehre von der Freiheit als dem Vermögen spontaner Selbstbestimmung ein eigenes Buch gewidmet. Da es aber seinem grössten Teile nach nur in der lateinischen Uebersetzung des Rufin uns erhalten ist, der nach eigenem Geständniss anstössige Stellen absichtlich geändert hat[1]), so muss es mit der äussersten Vorsicht benutzt werden. Zur Characterisirung dieser Schrift sei zum Voraus hier schon darauf hingewiesen, dass es nicht sehr leicht ist, den leitenden Faden in ihr aufzufinden[2]): der hier gemachte Versuch, ein

[1]) Praef. zu de pr. lib. III: Illud autem necessario commoneo quod sicut in prioribus libris fecimus etiam in istis observavimus ne ea quae reliquis eius sententiis et nostrae fidei contraria videbantur interpretarer etc.

[2]) Denis pg. 62: „Son traité des Principes est une œuvre manquée, profondément obscure et rebutante, bien moins par la difficulté des idées et par la mauvaise traduction, qui nous en reste, que par sa diffusion et sa confusion."

System der christlichen Glaubenslehre aufzustellen, war verfrüht, da das kirchliche Bewusstsein noch nicht einmal in den Fundamentaldogmen zur Bestimmtheit gediehen war, das ganze Werk ist eine Quelle der Häresieen, worauf sich in der Folgezeit Arianer und Pelagianer mit besonderer Vorliebe beriefen[1]).

Zwei Pole sind es, um die sich die im Origenischen Systeme zum Ausdruck kommende Weltanschauung bewegt: der Gedanke an den schlechthin seienden Gott und die Idee der Freiheit, auf welche alle Vorgänge innerhalb der vernünftigen Welt zurückzuführen sind. Die ganze Anschauung von der Betätigung des Willens in der übersinnlichen und diesseitigen Welt weist zurück auf einen cosmisch-theologischen Hintergrund. Betrachtet man die Welt, so wie sie sich unsern leiblichen Augen darbietet, so tritt uns überall eine reich gegliederte Mannigfaltigkeit in derselben entgegen; durchgehends zeigt sie die grösste Verschiedenheit der Lebensverhältnisse und der menschlichen Geschicke. Wie lässt sich nun diese offen zu Tage tretende Vielgestaltigkeit erklären?[2]) Origenes weist mit Entschiedenheit diejenige Ansicht zurück, nach welcher der Grund physischer und sittlicher Verschiedenheit in Gott zu suchen sei; bei einer solchen Annahme würde einerseits Gott zum Urheber des Bösen gestempelt, andrerseits wäre die freie Selbstbestimmung der vernünftigen Creaturen d. h. ihre geistig-sittliche Natur aufgehoben, vielmehr müsse dahin ein Ausweg getroffen werden, dass man die Verschiedenheit der Stellung, wodurch die Einen sittlich höher gestellt sind als die Anderen, auf die verschiedenartige Willensbetätigung in der präexistenten Geisterwelt zurückführt, nicht aber auf ein willkürliches Decret Gottes, was mit seiner Gerechtigkeit unvereinbar wäre. So erklärt denn Origenes die Disharmonie,

---

[1]) Die angeführten Belegstellen aus den Werken des Origenes citiren wir nach der Ausgabe von Lommatzsch. Ber. 1831 ss.

[2]) De princ. II, 9. 1: ..... perscrutarique tentabimus quomodo ista tanta varietas mundi atque diversitas omni justitia ac ratione constare videatur.

die in dieser materiellen Welt auf eine so crasse Weise zum Ausdruck kommt, durch einen vorzeitigen Fall der Geister[1], der ermöglicht wurde und tatsächlich entstand durch die ihnen innewohnende, freie Willensentscheidung, und hiermit sind wir an dem Ausgangspunct seiner speculativen Weltanschauung angelangt. Wir betrachten zuerst die intelligible Welt und dann die durch den Fall der Geister ins Dasein gerufene materielle Welt[2].

Gott als der absolut Gute musste auch Objecte seiner Güte haben, denen er wohltäte[3]; als Gegenstand dieser Güte schuf er die ihm wesensverwandte Geisterwelt, bestehend aus intelligibeln Wesen, die an der göttlichen Gemeinschaft participiren und so gewissermassen göttlicher Art sind (θεοί). Doch sind diese Existenzen reine Receptacula, ihr Teilhaben an den göttlichen Gütern ist nur ein partielles, das Gute besitzen sie nur accidentaliter (κατὰ συμβεβηκός), sie sind daher wandelbar und veränderlich[4]. Hier ergibt sich nun für Origenes der fundamentale Begriff der creatürlichen Wahlfreiheit: die Vernunftwesen sind ursprünglich alle gleich geschaffen und besitzen sämmtlich ein unveräusserliches Gut, die Freiheit, welche Eigenschaft ihnen wesentlich ist, weil als im Besitz der Vernunft sich befindend sie derselben nicht entbehren können, ist sie doch mit der Vernunft nach Origenes identisch. Da aber die Geister nur im Niessbrauch des geschenkweise erhaltenen

---

[1] De princ. II, 1, 1 griech. Text im Briefe Justin. ad Mennam: οὔτε δὴ, τοσικοστοῦ κόσμου τυγχάνοντος καὶ τοσαῦτα διάφορα λογικὰ περιέχοντος τὶ ἄλλο χρὴ λέγειν αἴτιον γεγονέναι τοῦ ὑποστῆναι αὐτὸν ἢ τὸ ποίκιλον τῆς ἀποστάσεως τῶν οὐχ ὁμοίως τῆς ἑνάδος ἀπορρεόντων, καὶ τὸν ἕτερον ἐπῆλθέ τις ἀρέσαι βίος ἢ ψυχῇ.

[2] Bei der Fülle des Stoffes werden wir im Folgenden nur die notwendigsten Quellennachweise ausdrücklich heranziehen.

[3] De pr. II, 9, 6: Hic cum in principio crearet ea quae creare voluit id est rationabiles naturas nullam habuit aliam creandi causam nisi propter se ipsum id est bonitatem suam.

[4] De pr. I, 5, 3: .... et quosdam ita fecerit, ut possint tam virtutis quam malitiae effici capaces.

Guten sind, so müssen sie beständig darauf bedacht sein, dasselbe sich durch freie Aneignung zu erwerben, um es zu besitzen; tritt Ermattung ein in der Aufname des Göttlichen, so vermögen sie sich nicht mehr auf dem Niveau jenes Lebens zu halten, sie nehmen zu an Schwere und sinken allmälig abwärts[1]). In dem Mangel an Wachsamkeit liegt nun auch der Grund, dass Eins nach dem Andern ἐξ ἰδίας αἰτίας zu Fall kommt, womit der Uebergang zur materiellen Welt gemacht ist, deren Entstehung als καταβολή (i. e. a superioribus ad inferiora deductio) bezeichnet wird und die eher eine Degradation als eine eigentliche Schöpfung ist, wesshalb der Apostel auch sage ἀπὸ καταβολῆς und nicht ἀπ' ἀρχῆς.

Ist nun die mit der Freiheit gegebene Möglichkeit des Abfalls zur Wirklichkeit geworden, und haben nun die Geister sich je nach dem Grade ihrer sittlichen Schuld von der ursprünglichen Einheit mit Gott mehr oder minder entfernt, so verlangt die göttliche Oeconomie, dass den Vernunftwesen aus ihrer Erkaltung wieder in die frühere Glückseligkeit hinaufgeholfen werde. Doch muss zuvor die Gerechtigkeit Gottes als tätiges Princip in die Weltordnung eingreifen, um in der zum Strafort für die abgefallenen Geister geschaffenen Welt einem Jeden einen verschiedenen Stand je nach dem Masse seiner Verschuldung anzuweisen[2]). Je tiefer nämlich Einer gefallen ist, um so mehr geht er des Guten (= des Seienden) verlustig und um so grösseren Vorschub leistet er dem Bösen, welches gleich ist dem Nicht-Seienden[3]).

[1]) De pr. II, 9, 2: Sed desidia et laboris taedium in servando bono et aversio ac negligentia meliorum, initium dedit recedendi a bono. Recedere autem a bono non aliud est quam effici in malo.

[2]) De pr. II, 9, 8: in quo profecto omnis ratio aequitatis ostenditur, dum inaequalitas rerum retributionis meritorum servat aequitatem.

[3]) In Joh. t. II, 7: οὑτως ὁ ἀγαθὸς τῷ ὄντι ὁ αὐτός ἐστιν · ἐναντίον δὲ τῷ ἀγαθῷ τὸ κακὸν ἢ τὸ πονηρόν καὶ ἐναντίον τῷ ὄντι τὸ οὐκ ὄν · οἷς ἀκολουθεῖ ὅτι τὸ πονηρὸν καὶ κακὸν οὐκ ὄν · πάντες μὲν οὖν οἱ μετέχοντες τοῦ ὄντος μετέχουσι δὲ οἱ ἅγιοι . . . . οἱ δὲ ἀποστραφέντες τὴν τοῦ ὄντος μετοχὴν τῷ ἐστερῆσθαι τοῦ ὄντος γεγόνασιν οὐκ ὄντες.

Sämmtliche Vernunftwesen, deren Zahl übrigens eine beschränkte war[1], waren also von Gott abgefallen oder doch wenigstens nicht zur vorgesteckten Vollkommenheit gelangt; nur ein Vernunftwesen machte hiebei eine Ausname, nämlich dasjenige, welches zur Seele Christi wurde (Jesus)[2]; es fragt sich jedoch, ob der Ausdruck Seele (ψυχή leitet Origenes von ψύχος Kälte ab)[3] noch auf das Vernunftwesen Jesu passt, da ein solches nur dann Seele wird, wenn in ihm die ursprüngliche Liebe zum Guten erkaltet; dass hier eine Begriffsverwirrung stattfindet, scheint indess schon Origenes selber bemerkt zu haben, da es zuweilen bei ihm nicht an Andeutungen fehlt, wonach auch jenes Vernunftwesen, welches wir Jesus nennen, sich der Berührung mit dem Unreinen nicht ganz habe entziehen können[4].

Hier angelangt, führt uns unsre Betrachtung, ehe wir die obere Welt verlassen, auf einen Begriff, den wir nicht mit Stillschweigen übergehn dürfen, wir meinen den Begriff der Materie, welcher bekanntlich bei den griechischen Philosophen eine so wichtige Stelle in ihrem Systeme einnimmt; nur im Allgemeinen mag hier versucht werden, die systematische Bedeutung desselben bei Origenes zu betonen. Die Ansicht hierüber, wie sie uns aus den Schriften des Letzteren entgegentritt, ist höchst schwankend, so dass es besonders zu bedauern ist, dass das Buch „de resurrectione", welches uns den besten Aufschluss hätte geben können, verloren gegangen ist. Origenes

---

[1] Nach Origenes ist auch das Wissen Gottes ein endliches; diese platonische Ansicht von einer wechselseitigen Begrenzung der verschiedenen göttlichen Eigenschaften wurde 553 anathematisirt. De pr. II, 9, 1: ... Quod si fuerit utique nec contineri vel dispensari a Deo, quae facta sunt, poterunt. Vgl. de pr. III, 5, 2.

[2] De prin. II, 6, 6 weitläufig dargestellt in dem Bild vom glühenden Eisen; vgl. c. Cels. VI, 47.

[3] Die zum Wesen der Seele gehörende Kälte ist das Negative ihrer Natur.

[4] Homil. in Luc. 14: ..... oportet ergo, ut pro Domino et Salvatore nostro qui sordidis vestimentis fuerat inductus et terrenum corpus assumserat ea offerentur, quae purgare sordes ex lege consueverant.

scheint bald den Geistern reine Immaterialität zuzuschreiben und ihre Verbindung mit einem Körper nur durch ihren Fall zu begründen, bald ist er geneigt, es als alleinigen Vorzug der Gottheit zu bezeichnen, absolut immateriell zu sein[1]). Wohl ist nach seiner ganzen Lehre die vernünftige Seele ihrer Natur nach οὐσία ἀόρατος καὶ ἀσώματος, die weitere Behauptung aber, dass die Substanz nur der Idee nach von den Vernunftwesen unterschieden werden könne, dass somit die Geister nie ohne sie gelebt hätten[2]), geradezu auf die Rechnung des Rufin zu setzen, ist mehr als gewagt. Was ist die Materie nach Origenes? nicht selbst Körper, auch nicht eigentlich Substanz, sondern das dem Körper zu Grunde Liegende, welches fähig ist, Qualitäten anzunehmen; denkt man sie sich daher als etwas allen einzelnen Eigenschaften Vorangehendes, so kommt ihr das Prädicat ἀόρατος zu[3]); sie besitzt das Vermögen, aus einer Beschaffenheit in die andere überzugehn[4]). Ein solches wechselnde Sein kommt nun gerade den geschaffenen Geistern zu, und so können wir füglich behaupten, dass die Geisterwelt nie körperlos gewesen ist, indessen ist diese natürliche Beschränktheit an sich nichts Böses, sondern nur eine Schranke des Nichtseins am Sein. Das Substrat aber aller körperlichen Dinge, der Stoff, aus dem die Welt gebildet ward, ist die ὕλη, die keine Realität besitzt, nicht ewig ist und als formloses Sein jede Form annehmen kann[5]).

---

[1]) Die Annahme von Thomasius, als ob das Erstere die wahre Ansicht des Origenes sei, ist ungerechtfertigt. Vgl. Denis pg. 179 Anmerkung.

[2]) De prin. II, 2, 2: .... necessitas consequentiae ac rationis coarctat intelligi principaliter quidem creatas esse rationabiles naturas, materialem vero substantiam opinione quidem et intellectu solum separari ab iis et pro ipsis vel post ipsas effectam videri, sed nunquam sine ipsa eas vel vixisse vel vivere; solius namque Trinitas incorporea vita existere recte putabitur.

[3]) Vgl. Arist. Metaph.: ἡ δὲ ὕλη ἄγνωστος καθ' αὑτήν.

[4]) De pr. II, 1, 4 ganz; de orat. 27; vgl. Plato Tim. τοῦτον δὲ ἐὰν ὕλην ἔχα ἄμορφον καθ' αὑτὴν καὶ ἀσχημάτιστον, δεχομένην δὲ πᾶσαν μορφήν.

[5]) De prin. II, 1, 4; c. Cels. III, 41: ἐπιστησάτω τοῖς ὑπὸ τῶν Ἑλλήνων λεγομένοις περὶ τῆς τοῦ ἰδίῳ λόγῳ ἀποίου ὕλης ποιότητος ἀμφισκομένης

Wir haben im Vorstehenden die übersinnliche Welt kennen gelernt, die, wie wir uns kaum verhehlen können, der platonischen Ideenwelt nicht wenig ähnelt und haben gesehn, dass die sichtbare Welt, so wie sie ist, nicht sowohl von Gott geschaffen als durch die Freiheitsbetätigung der Geister bedingt ist. Bevor wir uns von diesem Abschnitt abwenden, sei noch hingewiesen auf die treffende Bemerkung von Denis, dass man sich vergeblich frage, woher denn diese Ungleichheit in der Willensbetätigung der geschaffenen Geister gekommen, sei: „Wenn jedes vernünftige Wesen ursprünglich dem andern gleich ist, und wenn ferner das Gute in Anbetracht seiner gleichmässig verteilten, wenn auch nur relativen Vollkommenheit auf Alle eine gleiche Anziehungskraft ausübt, wenn weiter noch als Triebfeder des Willens nur die Aussicht und die Anziehung des Guten (!) angegeben wird, so versteht man weder die Ungleichheiten, die sich im Himmel herausstellen noch den tiefen Fall einer gewissen Anzahl von Seelen"[1]). Wie dem nun auch sei, zugegeben, dass es dieser ganzen Hypothese an innerer Consistenz fehlt, wir begnügen uns damit, zu constatiren, dass Origenes eben diesen ganzen Process zurückführt auf die freie Willensbestimmung der Vernunftwesen, von denen die einen tiefer, die anderen weniger tief gesunken sind[2]).

Wie schon oben bemerkt wurde, traf Gott in der Erscheinungswelt eine solche Einrichtung, dass den einzelnen

ὁποίας ὁ δημιουργὸς βούλεται αὐτῇ περιτιθέναι καὶ πολλάκις τὰς μὲν προτέρας ἀποτιθεμένης κρείττονας δὲ καὶ διαφόρους ἀναλαμβανούσης.

[1]) Denis pg. 175.
[2]) „Man muss den hohen Ernst des Origenes ehren, wenn er sich gedrungen fühlt, die Unterschiede der Geschöpfe auf verkehrte sittliche Entscheidungen zurückzuführen, aber objectiv betrachtet ist eine speculative Weltansicht, die jene Unterschiede nur aus einer willkürlichen Störung ursprünglicher Gleichheit zu begreifen weiss und für die Gottes würdigste Schöpfung eine Reihe von nur numerisch unterschiedenen Wesen hält, doch eine sehr unzureichende und von leeren Abstractionen irregeführte, die in dem unbefangenen christlichen Bewusstsein und auf dem Gebiet der Wissenschaft schon in Augustin's besserem Verständniss des Weltbegriffs ihre Berichtigung findet." J. Müller „Lehre von der Sünde".

Geisterclassen im Verhältniss zur Verschiedenheit der Freiheitsbetätigung entsprechende Wohnsitze angewiesen wurden, und hier nun gibt sich Origenes gänzlich seinem griechischen Hang zu Speculationen hin: eine grosse Stufenleiter führt mit ihren Classen von Göttern, Erzengeln und Engeln in die untere Welt herab. Die oberste Stelle nehmen die Geister ein, welche am wenigsten von der ursprünglichen Gemeinschaft mit Gott abgewichen sind, aber auch in diesem Zustand sind sie nicht unwandelbar, vielmehr bleiben sie stets für eine Vergröberung empfänglich (μεταβολή εἰς τὸ παχύτερον): ihnen am nächsten stehen diejenigen Engel, die über Völker und Länder gesetzt sind, an diese schliessen sich solche an, welche den Tieren und unvernünftigen Dingen vorstehn[1]: weiter als sie stehn vom Guten die sichtbaren Lichtwesen wie Sonne, Mond und Sterne, die zur Strafe ihres Abfalls der Körperlichkeit unterworfen sind, als gute Geister betätigen sie sich dem Menschen gegenüber durch Spendung ihres Lichtes[2].

Die andere Hauptclasse der Geister bilden die Dämonen, die sich nach dem Vorgang ihres Vorstehers, des Satans, der sich in dünkelhaftem Stolz gegen das höchste Wesen erhoben hatte[3], von Gott vollständig losgerissen haben: sie sind mit finstern, aber auch unsichtbaren Leibern bekleidet und wohnen in den dichten, die Erde umgebenden Luftschichten. ihre Aufgabe besteht darin ἀπάγειν τοῦ ἀληθινοῦ θεοῦ τὸ τῶν ἀνθρώπων γένος ὧ ἄνθρωποι . . . . . θεὸν μὲν τὸν περιέχοντα τὰ ὅλα μὴ ζητῶσι μηδὲ τὴν καθαρὰν θεοσέβειαν ἐξετάζωσιν[4]).

---

[1] In Num. hom. V. 3 vgl. Plato Symp.: πᾶν τὸ δαιμόνιον μεταξύ ἐστι θεοῦ τε καὶ θνητοῦ   ἑρμηνεῦον θεοῖς τὰ παρ' ἀνθρώπων καὶ ἀνθρώποις τὰ παρὰ θεῶν · τῶν μὲν δεήσεις καὶ θυσίας, τῶν δὲ τὰς ἐπιτάξεις τε καὶ ἀμοιβὰς τῶν θυσμῶν . . . . .

[2] c. Cels. V, 10 εἴπερ καὶ οἱ ἀστέρες ζῷά εἰσιν λογικὰ καὶ σπουδαῖα καὶ ἐφωτίσθησαν τῷ φωτὶ τῆς γνώσεως ὑπὸ τῆς σοφίας ἥ τις ἐστὶν ἀπαύγασμα φωτὸς ἀϊδίου. Die Lehre von dem Belebtsein der Gestirne aus Plato genommen vgl. Tim. u. de leg. X.

[3] In Ez. hom. IX c. 2: Inflatio, superbia, arrogantia peccatum diaboli est et ob haec delicta ad terras migravit de coelo.

[4] c. Cels. IV, 92: in Num. hom. 13, 7: de pr. III, 3, 3 sq.

Alle diese Geschöpfe sind im Stande, die ihnen unverlierbare Freiheit zum Guten anzuwenden und können sich dementsprechend ebensogut aus den niederen Ordnungen zu höheren emporschwingen, als auch umgekehrt durch Fahrlässigkeit aus ihrer Stellung heraus immer tiefer herabsinken.

In der Mitte zwischen diesen einander entgegengesetzten Mächten, die so den Zwischenraum von Himmel und Erde ausfüllen und einen Connex zwischen beiden herstellen, steht der Mensch, dessen Wohnsitz der eigentliche Kampfplatz des Guten und Bösen ist; er gehört zu denjenigen Vernunftwesen, die „von dem Zustand erster Glückseligkeit zwar entfernt, aber nicht unrettbar verloren sind und nun jenen heiligen Mächten zum Beherrschen und Lenken übergeben sind, um durch ihre Hülfe, Belehrung und Zucht gebessert, zurückzukehren und zum Stande ihrer Seligkeit wieder hergestellt zu werden". Diese Welt wird echt platonisch gedacht als Straf- und Läuterungsort, in welchem auch die am tiefsten Gesunkenen noch das Vermögen der Freiheit und damit die Möglichkeit der Wiedererhebung behalten. Nun sehn wir aber, dass der Menschen Stellung und Anlage eine gar mannigfaltige ist, der Eine hat einen schönen, der Andre einen hässlichen Leib; Dieser ist ausgestattet mit ausserordentlichen, physischen Eigenschaften, Jener schleppt zeitlebens einen siechen und welken Leib herum. Zur Erklärung all' dieser Unterschiede beruft sich Origenes auf Stellen der heiligen Schrift, in welche er vermöge seiner allegorischen Interpretationsmethode ganz mutwillig die Lehre von der Seelenpräexistenz hineinlegt[1]); in der Annahme einer dem irdischen Dasein vorangegangenen Schuld findet er die einzig mögliche Theodicee.

---

[1]) De p. l. 7, 4; de pr. III, 3, 5: Cuius rei suspicor esse quasdam antiquiores etiam hac nativitate corporea sicut designat Joannes in matris ventre tripudians et exultans cum vox salutationis Mariae ad aures Elizabeth matris eius allata est, et ut declarat Hieremias propheta qui antequam plasmaretur in utero matris cognitus erat Deo et antequam e vulva procederet sanctificatus ab eo ut etc. ...

Der gewonnenen cosmischen Anschauung zufolge erscheint uns also der Mensch als gefallener Geist, wesshalb er auch bezeichnet wird als „Seele gewordener Geist"[1]. Es ist hier der Ort, bevor wir der eigentlichen Anthropologie bei Origenes uns zuwenden, mit einem Worte der Lehre von der Metempsychose, einer consequenten Folgerung seiner Abfallstheorie, Erwähnung zu tun. Die Doctrin vom Herabsteigen der gefallenen Geister durch verschiedene Grade der geistigen Stellung, welcher verschiedene Grade der Körperlichkeit entsprechen, ist ganz dazu angelegt, eine Seelenwanderung zu befürworten, und wirklich hat sich Origenes in den früheren Jahren auch zu dieser platonischen Lehre bekannt[2]), in seinen späteren Schriften aber erklärt er sich auf's Bestimmteste dagegen, da sich nicht annehmen lasse, dass eine Seele jemals aus einer vernünftigen eine unvernünftige werden könne, was doch zutreffen würde, ginge die menschliche Seele in den Leib von vernunftlosen Geschöpfen über.

Die Seele des Menschen, so lehrt er, besass als νοῦς einst göttliche Feuernatur, erkaltete jedoch und trat mit Sünde behaftet ins irdische Dasein[3]): dass er also eine gewisse Erbschuld annimmt, wird Niemand bezweifeln, doch welch' gewaltiger Unterschied zwischen der von ihm vorgetragenen Erbsündentheorie und derjenigen der späteren Kirche besteht, wird sich im Folgenden des Näheren zeigen. Auf der einen Seite urgirt er auf's Heftigste die Freiheit der Vernunftwesen und steht so auf dem Augustin gerade entgegengesetzten Standpunct, auf der anderen bekennt er sich offen zum Begriff der Erbsünde, wenn auch nicht gerade der angeerbten Schuld, durch die Anname, dass die menschliche Seele nicht rein auf diese

---

[1] De pr. II, 8, 4: Ex quibus omnibus illud videtur ostendi quod mens de statu suo ac dignitate declinans effecta vel nuncupata est anima . . . . .

[2] De pr. I, 8, 4 Ende vgl. Hier. epist. ad Avitum pg. 764 . . . . Fatendum tamen Origenem in allis suis tractatibus a Pythagorica μετεμψυχώσει prorsus abhorrere. De pr. II, 1, 1 u. c. Cels. IV, 17.

[3] De pr. II, 8, 3: in Luc. hom. XIV: omnis anima, quae humano corpore fuerit induta habet suas sordes.

Welt gekommen sei. Wohl wird der Mensch als Sünder geboren, aber nicht desswegen, weil er ein Nachkomme des Adam ist, sondern in Folge seiner Vergehungen in der früheren Welt, so dass diese materielle Welt lediglich als der Reflex der in jener entstandenen Disharmonie anzusehn ist. Bei der Annahme einer Seelenpräexistenz sieht sich Origenes nun genötigt, dem historischen Bericht der Genesis über den Sündenfall nach Philo's Vorgang eine allegorische Deutung zu geben, was er aber so zu Stande bringt, dass er den mosaischen Bericht nicht auf Adams Fall bezieht, sondern auf die Catastrophe, welche das menschliche Geschlecht aus dem Paradies auf die Erde herabstürzte, wobei er, nebenbei bemerkt, die Felle, mit denen Gott die Menschen bekleidete, für die Erdenleiber erklärte, in welche die Seelen eingeschlossen worden seien[1]). Es ist dies offenbar eine Herübername der platonischen Ansicht von dem Leib als dem Gefängniss der Seele, in welches dieselbe nach ihrem Abfall als Strafe relegirt wurde. Die Geneigtheit aller Menschen zu sündigen, ist nicht daraus etwa herzuleiten, dass sie als solche bereits in der Natur eines Jeden liege; denn wäre die Natur des Menschen an sich sündhaft, so müsste man dies schlechterdings auf die Rechnung des göttlichen Wesens setzen, was mit dessen Weisheit und Güte aber in Widerspruch stehe, ferner würde die gnostische Anschauung von der Verschiedenheit der geistigen Naturen, wonach es eine τάγμα ψυχῶν κατὰ φύσιν ἁμαρτανουσῶν und eine τάγμα ψυχῶν κατὰ φύσιν δικαιοπραγουσῶν gäbe, das Vermögen des bösen Menschen sich zu bessern geradezu aufheben[2]).

---

[1]) c. Cels. IV, 40: καὶ ὁ ἐκβαλλόμενος δὲ ἐκ τοῦ παραδείσου ἄνθρωπος κατὰ τῆς γυναικὸς τοὺς δερματίνους ὑπεσαμένος χιτῶνας ..... ἀπόρρητόν τινα καὶ μυστικὸν ἔχει λόγον ὑπὲρ τὸν κατὰ Πλάτωνα τῆς ψυχῆς πτερορρυούσης καὶ δεῦρο φερομένης ἕως ἂν στερεοῦ τινος λάβηται.

[2]) In Joh. XX, 20, 22 vgl. de pr. I, 8, 2: Wenn es zwei Categorieen von Menschen gäbe, pneumatische und choische von Natur aus, so würde sicherlich Petrus zu den Pneumatikern gehören; wie aber konnte eine pneumatische Natur den Herrn verleugnen? dass aber Petrus dies getan und nicht etwa ein Anderer in ihm, beweist seine Reue.

Nach Analogie der platonischen Trichotomie unterscheidet Origenes im Menschen den vernünftigen, freien Geist (πνεῦμα), den materiellen Leib (σῶμα) und als das Bindeglied beider Teile das sinnliche Lebensprincip (ψυχή), die Quelle der Empfindungen; das πνεῦμα oder die ψυχή λογική ist von dem Bösen unberührbar und gibt sich als integrirenden Teil des menschlichen Wesens kund in der Vernunft und Freiheit, wodurch der Mensch als denkendes und selbstverantwortliches Wesen zur höchsten Würde erhoben wird; die ψυχή gemeinhin (φανταστικόν καὶ ὁρμητικόν τι) denkt er sich als eine von Gott geschaffene, mit eigentümlichen Kräften ausgestattete, geistige Persönlichkeit, die bereits in anderen Welten existirt hat[1]) und zum Sitz der Affecte und niederen Triebe im Menschen wurde; die emanatistische Vorstellung von der Seele Adams, wie sie Genesis 2, 7 gelehrt wird, bekämpft Origenes auf's Entschiedenste; denn diese Auffassung würde eine Gleichheit des menschlichen Wesens mit Gott voraussetzen und so müsste denn Gott selber in uns als in einigen seiner Teile sündigen.

Es war allgemein gültige Lehre der Kirche, dass durch den Sündenfall nach einem Stande ursprünglicher Integrität eine allgemeine Depravation des Menschengeschlechts erfolgte, doch statuirte man keine vollständige, innere Deterioration der sittlichen Natur, sondern nur eine Verdunkelung der Vernunft, es bleibt, so lehrt Origenes, dem Menschen nachher wie vorher das göttliche Ebenbild, nach welchem er geschaffen ist[2]). Den Begriff von Bild und Aehnlichkeit Gottes im Menschen, der in der Zeit vor ihm durchgehends noch ein flüssiger war, hat er zuerst fixirt, und zwar tat er es in der Weise, dass das Bild auf die natürliche Anlage des Menschen in Vernunft

---

[1]) De pr. II, 8, 3; Ep. ad Menn. pg. 529: παρὰ τὴν ἀπόπτωσιν καὶ τὴν ψύξιν τὴν ἀπὸ τοῦ ζῆν τοῦ πνεύματος, γέγονεν ἡ νῦν γενομένη ψυχή οὖσα καὶ δεκτικὴ τῆς ἐπανόδου τῆς ἐφ' ὅπερ ἦν ἐν ἀρχῇ .... Νοῦς οὖν γέγονε ψυχή καὶ ψυχὴ κατορθωθεῖσα γίνεται νοῦς.

[2]) In Gen. hom. XIII, 4: Imago eius (Dei) obscurari per incuriam potest, deleri per malitiam non potest. Manet enim semper imago Dei in te, licet tu tibi ipse superducas imaginem terreni.

und Freiheit, die Aehnlichkeit auf die zu erstrebende Vollkommenheit bezogen wurde[1]): mit dem unverlierbaren Ebenbild, das in den natürlichen Facultäten des Menschen reflectirt werde, ist Letzterem auch die Freiheit geblieben, so dass er mit Notwendigkeit weder zum Guten noch zum Bösen getrieben werde, und so ist also die Sünde für Alle die Frucht der moralischen Freiheit[2]).

Wir haben bereits gesehn, wie diese materielle Welt nicht notwendiger Process der Selbstvermittlung des Geistes mit sich ist, sondern lediglich die Folge der spontanen Selbstbestimmung der Vernunftwesen. Diese Freiheit des Willens ist schon gegeben mit dem Begriff der Rationabilität; denn freien Willen hat der Mensch eben nur dadurch, dass er vernünftig ist. Betrachten wir nun die Stellung, die er als vernünftiges Wesen den andern geschaffenen Dingen gegenüber einnimmt: ein Teil der Wesen, welche bewegt werden können, trägt den Grund der Bewegung in sich, ein anderer Teil wird von Aussen bewegt: Jene, deren Einheitsprincip in einer φύσις besteht, (= τὸ θρεπτικόν d. Aristoteles) wie die Tiere und Pflanzen werden ἐξ αὐτῶν bewegt, welche aber unter Diesen eine Seele haben, bewegen sich ἀφ' αὐτῶν[3]). Ausser der Vorstellung besitzen diese Vernunftwesen eine Beurteilungsgabe der Vorstellungsobjecte und verwerfen so die einen, eignen sich die anderen an nach den Ideen des καλόν und αἰσχρόν[4]); das καλόν

---

[1]) De pr. III, 6, 1 . . . . nisi quod imaginis quidem dignitatem in prima conditione percepit (homo) similitudinis vero perfectio in consummatione servata est.

[2]) De pr. III, 3, 5: Liberi namque arbitrii semper est anima, etiam cum in corpore hoc etiam cum extra corpus est, et libertas arbitrii vel ad bona semper, vel ad mala movetur. In Mtth. tom. X c. 11: ἐνταῦθα δὲ ἡμᾶς ἐροῦσι οἱ αἴτιον τοῦ εἶναι καλὰ καὶ ἄξια τῶν λεγομένων ἀγγέλων γένη . . . . . . οὐ γὰρ φύσει ἐν ἡμῖν αἰτία τῆς πονηρίας ἀλλὰ προαίρεσις ἑκούσιος οὖσα κακοποιηταί.

[3]) Vgl. stoische Formel: τὰ μὲν φασὶν ἐξ αὑτῶν κινεῖσθαι, τὰ δὲ ἀφ' αὑτῶν. Vgl. auch den Anfang von de orat. 6 und de pr. III, 1, 2.

[4]) De pr. III, 1, 3: Ὅθεν ἐπεὶ ἐν τῇ φύσει τοῦ λογικοῦ εἰσὶν ἀφορμαὶ τοῦ θεωρῆσαι τὸ καλὸν καὶ τὸ αἰσχρόν· οἷς ἑπόμενοι θεωρήσαντες τὸ καλὸν καὶ τὸ αἰσχρόν αἱρούμεθα μὲν τὸ καλόν, ἐκκλίνομεν δὲ τὸ αἰσχρόν . . . .

ist das Streben nach Gottähnlichkeit, die zu erreichen einem Jeden ermöglicht sei durch die Gabe der Freiheit: spräche man nun dem Menschen die Freiheit als Vermögen der Selbstbestimmung ab, so sähe man sich genötigt weiter zu sagen, dass er kein lebendes und dann kein vernünftiges Wesen sei, und dass er demzufolge das Princip der Bewegung ausser und nicht in sich habe[1]).

Aus dem Vorstehenden geht unzweideutig hervor, dass bei Origenes der freie Wille gegenüber einer äusseren Notwendigkeit in dem Vermögen der Selbstbestimmung besteht: der Mensch handelt aus eigenem Antrieb, was er tut, geschieht freiwillig[2]). So bekennt sich denn unser Kirchenlehrer zur formalen Freiheit, von welcher er eine höhere, nur Gott zukommende, die sogenannte reale unterscheidet: bei Gott ist Freiheit und Notwendigkeit identisch, und herrscht bei ihm als dem ewig Absoluten Unwandelbarkeit im Selbstbestimmen, so verhält sich dies bei dem Menschen anders. Die andere Seite des Freiheitsbegriffes, die in der freien Hingebung an das Gute besteht, geht ihm gänzlich ab: seine Freiheit als wesentlich mit der Vernunft verbunden gedacht, kommt erst zum Ausdruck, wenn Gutes und Böses schon nebeneinander vorliegen[3]), und in dieser Form der Auffassung kann er die Freiheit als freies Wahlvermögen nicht stark genug betonen und hervorheben. Mit diesem Glauben an die unbedingte Willensfreiheit des Menschen fällt und steht in seinen Augen die ganze Verantwortlichkeit des Individuums, der Unterschied von Gut und Böse und demgemäss auch jeder Zusammenhang

---

[1] De orat. 6: ἐὰν δὲ περιέλωμεν ἀπὸ τοῦ ζῴου τὴν ἀφ' αὑτοῦ κίνησιν οὐδὲ ζῷον ἔτι ἂν ὑπονοηθῆναι δύναται. ἀλλ' ἔσται ὅμοιον ἤτοι φυτῷ ὑπὸ φύσεως μόνης κινουμένῳ ἢ λίθῳ ὑπό τινος ἔξωθεν φερομένῳ . . . .

[2] In Jer. h. XIX. 2: Διὸ μὴ ἐκ λύπης ἢ ἐξ ἀνάγκης προστάσσει ἡμῖν ποιεῖν ἃ προσῆκεν ἵνα ἑκούσιον ᾖ τὸ γινόμενον. — De orat. VI: Ἄλλως τε καὶ τοῖς ἰδίοις πάθεσιν ἐπιστήσας τις . . . . . .

[3] Eine treffliche Critik dieser äusserlichen Auffassung giebt uns Methodius in seiner Schrift περὶ αὐτεξουσίου, wenn auch nicht Origenes, sondern ein Valentinianer als Gegner gedacht ist.

zwischen Lohn und Strafe. Doch gibt er gerne zu, dass der Mensch von Aussen in seinem sittlichen Tun sei es zum Bösen sei es zum Guten bestimmt werden könne[1], allein stets stehe es demselben frei, in das zugemutete Böse oder in das angeratene Gute einzuwilligen.

Dass diese ganze Lehrfassung von der menschlichen Freiheit als der possibilitas boni et mali, nach welcher es für das denkende Individuum in seinem sittlichen Ringen kein Sollen gibt, dem nicht auch ein Können entspricht, wie man später sagte, „pelagianisch" ist, wird ein Jeder, der vorurteilsfrei an die Prüfung dieser Frage herantritt, ohne Weiteres zugeben. Fasst man aber das ganze System des Origenes ins Auge, so wäre es ungerecht, ihn des stricten „Pelagianismus" zeihen zu wollen: wohl hat er diese Lehre einseitig entwickelt, aber es darf nicht übersehen werden, dass er gewissermassen dazu verleitet wurde durch die gnostischen Leugner der moralischen Freiheit.

Versuchen wir nun das Verhältniss der göttlichen Gnade zur menschlichen Freiheit in der Heilslehre des Origenes festzustellen. Voraussetzung dabei ist ein klares Bild darüber, wie er sich das Gott und Menschen Trennende, das Böse denkt: wie die Gnostiker[2], so lehrt auch er, dass Gott nicht Urheber des Bösen sein kann, da er sonst aufhören würde gut und gerecht zu sein; verwerflich dagegen ist die gnostische Ableitung des Bösen von der Materie, dem bösen Princip, das Gott feindlich gegenübersteht; ebensowenig ist seine Quelle in der menschlichen Vernunft aufzusuchen, weil diese als Ausfluss der an sich guten Urvernunft höchstens missbraucht werden kann. Das Böse ist einfach herzuleiten aus der Schuld der erschaffenen Wesen, die ihre Freiheit miss-

---

[1] In Gen. tom. III § 8: Εἰ δέ τις ζητεῖ τὸ ἐφ' ἡμῖν ἀπολελοιπέναι εἶναι τοῦ παντός, ὥστε μὴ διὰ τάδε τινὰ συμβεβηκότα ἡμῖν ἡμᾶς ᾑρῆσθαι τάδε ἐπιλέχθαι κόσμου μέρος ὄν καὶ περιεχόμενος ἀνθρώπων κοινωνίᾳ καὶ τοῦ περιέχοντος.

[2] c. Cels. IV, 66: τὸ δὲ τὴν ὕλην τοῖς θνητοῖς ἐμπολιτευομένην αἰτίαν εἶναι κακῶν καθ' ἡμᾶς οὐκ ἀληθές.

brauchten[1]), es hat seinen Anfang genommen in der Sphäre der Geisterwelt; es ist gleichbedeutend dem „τὸ οὐκ ὄν", was aber nicht so zu verstehen ist, als ob es nicht existire, es soll damit blos der Gegensatz gegen das reale Sein (= das Gute), der Mangel göttlichen Lebens ausgedrückt werden. Gott ist nicht der Urheber desselben, er hat es nur nicht verhindert[2]), und duldet es in der Welt; das physische Uebel ist als eine gerechte Strafe der in einer früheren Existenz begangenen Sünden anzusehn, während das moralische Uebel seine Quelle in der actuellen Willensfreiheit hat, die Gott den Menschen nicht rauben konnte, ohne ihre Natur zu alteriren.

Bekanntlich wird im Neuen Testament nicht genau bestimmt, wie viel bei der Besserung des Menschen Gott eigentlich tut und wie sich das, was er tut, zu dem verhält, was der Mensch tun müsse; in der späteren Zeit ist diese Frage bald mehr bald weniger Gegenstand der Untersuchung geworden, bis sie sich schliesslich zuspitzte in den sogen. pelagianisch-augustineischen Streit. Am meisten liessen sich noch die griechischen Kirchenlehrer auf ihre Erörterung ein, veranlasst durch den heidnischen Irrtum eines Fatums und die gnostische Irrlehre von den διαφόραι φύσεις ἀνθρώπων, wobei von letzterer Seite mit besonderer Vorliebe auf deterministische Stellen hingewiesen wurde, wie z. B. auf Philipper 2, 13, wo es heisst, dass das Wollen und Vollbringen aus Gott sei. Nach Origenes will aber der Apostel nicht sagen, dass das gute und böse Wollen von Gott sei, ebensowenig, dass das Vollbringen beider von ihm herzuleiten sei, sondern das Wollen und Laufen überhaupt d. h. das Vermögen des Wollens und Ausführens, während das χρῆσθαι, das θέλειν und ἐνεργεῖν zum Guten und seinem Gegenteil unsre Sache sei; bei der Interpretation der

---

[1] c. Cels. IV, 66: Τὸ γὰρ ἑκάστου ἡγεμονικὸν αἴτιον τῆς ὑποστάσης ἐν αὐτῷ κακίας ἐστὶν ἥ τις ἐστὶ τὸ κακόν· κατὰ δὲ καὶ αἱ ἀπ' αὐτῆς πράξεις.

[2] Ebenso Leibniz, der das Verhältniss des göttlichen Willens zum Bösen, das er auf den freien Willen der Creaturen zurückführt, nicht als ein Veranstalten, sondern als ein Zulassen bestimmt gegen Bayle u. A.

Stelle 1 Cor. 10, 13, um nur noch ein Beispiel anzuführen, führt er die sustinendi vis, das sustinere posse auf Gott zurück, das eigentliche sustinere aber bezeichnet er als die Sache des Menschen (a Deo autem datur, non ut sustineamus, alioquin nullam jam videretur esse certamen, sed ut sustinere possimus), sonst könnte von einer culpa victi und einer palma victoris nicht geredet werden. Der klare Gedanke in diesen Stellen allen ist also der, dass die Freiheit als Vermögen, das Gute und das Böse zu tun, ihre Quelle in Gott habe, aber der Gebrauch derselben sei lediglich Werk des Menschen[1]). Doch lassen sich dieser Lehre andere Stellen entgegenstellen, in welchen Origenes das Meiste oder Vieles auf Gott zurückführt[2]): nur, sagt er, wenn des Menschen Herz Gott in sich gegenwärtig fühlt, ist es stark zum Guten und wenn Gott nicht vorerst ein neues Herz schafft, reicht die menschliche Freiheit und Kraft nicht aus[3]). Eine radicale Erneuerung des Willens durch die Gnade lehrt er aber nicht, weil der Mensch in jeder Lage, und mag er auch noch so tief gesunken sein, das Vermögen zum Guten besitze[4]), die gratia bleibe lediglich ein adjutorium, welches die Natur des Individuums ergänze, und

---

[1]) Natalis Alexander beschuldigt den Origenes wegen dieser Erklärung des reinsten Pelagianismus: histor. eccl. saec. III dissert. XVI „Qui solam possibilitatis gratiam a Pelagio assertam a S. Augustino reprobatam praedicavit, Pelagianorum praeformavit errorem, sed Origenes solam possibilitatis gratiam praedicavit: Pelagianorum itaque praeformavit errores".

[2]) De pr. III, 2, 5: Sola enim per se humana natura non arbitror quia possit adversus angelos et excelsa et profunda et aliam creaturam habere certamen, sed cum sensit praesentem in se Dominum et inhabitantem confidentia divini adjutorii dicet ..... Vgl. in Ez. hom. IX, 5: Relinquitur et derelictus dixit experimento quia in his bonis quorum sibi conscius erat non tam ipse sui exstitit causa quam Deus, qui virtutum fons omnium est.

[3]) Sel. in Ps. 50: οὕτως ἐὰν μὴ ὁ Θεὸς κτίσῃ καρδίαν καθαρὰν ἐν τινι, οὐκ αὐτάρκης πρὸς τοῦτο προαίρεσις καὶ δύναμις ἀνθρωπίνη; vgl. in Luc. hom. XI: Infirma est humana natura, et ut fieri possit fortior, divino auxilio indiget.

[4]) De pr. I, 8, 4; vgl. mit d. vorher citirten Stellen de pr. III, 1, 2: καὶ οὐκ ἔστιν ἐναντιώματα τὰ εἰρημένα ὑπ' αὐτοῦ · συνάπτειν ἀμφότερα καὶ ἕνα λόγον ἐξ ἀμφοτέρων τέλειον ἀποδοτέον ....

das Gute[1]) sei darum das Product der Synergie von Freiheit und Gnade und zwar insoweit als auf erstere das grössere Gewicht in diesem Zusammenwirken zu legen sei: (παρ' ἡμῶν δεῖ εἶναι τὰς ἀρχάς καὶ ὁ θεός τοῦ ὀρέξαι χεῖρα ἕτοιμος s. Sel. in Ps. CXX) die Gnade setze auf allen Stadien des sittlichen Processes den freien Willen voraus und bei der Collision dieser beiden in der Heilsordnung concurrirenden Elemente trage die freie Selbsttätigkeit des Individuums primären Character an sich[2]).

Zur Vervollständigung vorstehender Untersuchung erübrigt uns noch die Frage zu erörtern, wie sich Gott zu dem im Process der Rechtfertigung durch die Synergie von Freiheit und Gnade sich realisirenden Heil des Menschen verhält[3]). In seinem Prädestinationsbegriffe unterscheidet Origenes zwei Momente, die Präscienz und die von dieser bedingten Prädestination, worunter er die ewige Zubereitung der Seligkeit nach vorausgegangenem Verdienst versteht: Gott sieht unsre Handlungen von Ewigkeit her voraus und zwar als freie, nicht also so, als ob das Vorherwissen die Ursache ihres Eintretens wäre; nicht die Vorhererkenntniss ist die Ursache dessen, was geschieht, vielmehr wird es, weil es geschehn ist, vorauserkannt: wohl wendet man dagegen ein, dass, wenn Gott von Ewigkeit her vorausweiss, wie jedes Geschöpf handeln werde, und wenn dieses Vorherwissen untrüglich ist, so kann jenes nicht mehr anders handeln als es Gott vorhergesehn hat — zwar ist die Präscienz Gottes eine untrügliche, die nie vereitelt werden kann, allein durch dieses Vorherwissen wird die Freiheit unsers Wollens in keiner Weise geschmälert: „so wenig du schuld

---

[1]) Sel. in Ps. 4: οὕτω τὸ τοῦ λογικοῦ ἀγαθὸν μικτόν ἐστιν ἔκ τε τῆς προαιρέσεως αὐτοῦ καὶ τῆς συμπνεούσης θείας δυνάμεως τῷ τὰ κάλλιστα προελομένῳ.

[2]) Dass Origenes der eigentliche Praeformator des Semipelagianismus ist, steht bei uns fest: ihn davon loszusprechen versuchten u. A. de la Rue. Maffei und viele neuere katholische Geschichtsschreiber so z. B. Kuhn: Theolog. Quartalschrift 1853. Wörter „die christl. Lehre über das Verhältniss von Gnade und Freiheit bis auf Augustin" u. A. m.

[3]) Vgl. für diesen Abschnitt die erschöpfenden, wenn auch nicht vorurteilsfreien Auseinandersetzungen bei Wörter i. cit. W.

bist, dass Einer fällt, wenn du voraussiehst, dass er fällt, so wenig kann die göttliche Präscienz für den Ausfall der guten oder schlechten Handlungen der Menschen entscheidend sein: sollte Gott also voraussehn, dass ich einmal dem Bösen anhangen würde, so müsste ich von Vornherein verdammt sein, und wenn er umgekehrt voraussähe, dass ich gut sein werde, so würde ich notwendig selig werden[1], damit wäre jede Freiheit, daher jede sittliche Regung und Betätigung eo ipso aufgehoben, da das Vorherwissen als ein Fatum eintretender Dinge dastünde"[2].

Der Grund, dass wir selig werden, liegt daher nicht in dem göttlichen Vorherwissen als solchem, sondern in unseren Vorsätzen und Handlungen, welche wohl Gott als dereinst eintretende voraussieht, auf die er aber keineswegs irgendwie zwingend einwirkt[3]. Während die Prädestination nur ein Act

---

[1] In Jer. hom. XVIII u. Comm. in Gen. tom. III § 6: ὥσπερ καὶ εἴ τις ὁρῶν τινα διὰ μὲν ἀμαθίαν προπετῆ, διὰ δὲ τὴν προπέτειαν ἀλογίστως ἐπιβαίνοντα ὁδῷ ὀλισθηρᾶς .... οὕτω νοητέον τὸν προεωρακότα ὁποῖος ἔσται ἕκαστος καὶ τὰς αἰτίας τοῦ τοιοῦτον αὐτὸν ἔσεσθαι καθορᾶν, καὶ ὅτι ἁμαρτήσεται τάδε ἢ κατορθώσει τάδε .... τὸ ἐσόμενον αἴτιον τοῦ τοιάνδε εἶναι τὴν περὶ αὐτοῦ πρόγνωσιν· οὐ γὰρ ἐπεὶ ἔγνωσται, γίνεται ἀλλ' ἐπεὶ γίνεσθαι ἔμελλεν, ἔγνωσται.

[2] Am deutlichsten entwickelt Origenes seinen Prädestinationsbegriff bei der exegetischen Behandlung der Stelle Römer 8, 30: „fasst man, sagt er, die in diesem Verse vorgetragene Präscienz und Prädestination sensu communi auf, so scheint es, als ob Derjenige, der gerechtfertigt worden ist, es wurde, weil er berufen worden, und als ob Derjenige, welcher berufen worden ist, desshalb gerechtfertigt worden, weil er prädestinirt ist, und als ob der Prädestinirte dies sei, weil er vorauserkannt worden ist. Gott hätte demnach nur Diejenigen, welche er prädestinirt hat, prädestinirt, weil er nur sie vorauserkannt hat, während er nicht vorausgewusst hat, wen er nicht prädestinirt hat: in diese Albernheiten verfallen diejenigen Alle, die das Vorherwissen Gottes darein setzen, dass er nur das vorauswisse, was nachher wirklich sein werde".

[3] Philocalia a Basilio M. 25 tom. XXV bei Lomm. pg. 248: οὐ νομιστέον τοίνυν αἰτίαν τῶν ἐσομένων τὴν πρόγνωσιν τοῦ θεοῦ εἶναι· ἀλλ' ἐπεὶ ἔμελλε γενέσθαι καθίδιας ὁρμὰς τοῦ ποιοῦντος, διὰ τοῦτο προέγνω. — In Ezech. hom. I, 3: .... Hic jam intelligendum est quomodo per arbitrii libertatem alii ad bonorum conscenderint summitatem, alii corruerint in malitiae profundum ... Quare aegre fers niti, laborare, contendere et per bona opera te ipsum causam tuae fieri salutis?

der belohnenden Gerechtigkeit ist und sich lediglich auf die auf Grund der von Gott vorausgesehenen guten Handlungen zu erwerbende Seligkeit bezieht, geht die Präscienz Gottes auf die Handlungen des Menschen, von deren unbedingtem Eintreten sie aber nicht die Ursache ist, weil dieser überall und stets frei handelt[1]).

In das von uns gewonnene Schema des cosmischen Processes, der „wesentlich ein Process der Entäusserung des Geistes und seiner Rückkehr zu seinem Ursprung ist", sucht nun der kirchliche Origenes die positive Ausführung eines geschichtlichen Heilsglaubens einzufügen: als alle Anstrengungen des Menschen und der anderen Vernunftwesen, durch spontane Willensentscheidung das Gute zu erfassen und Gott immer mehr ähnlich zu werden, vergeblich waren und die von Gott gesandten Helfer nicht mehr genügten, so musste der göttliche Logos seine allgemeine Offenbarungstätigkeit zur besonderen, heilsgeschichtlichen Offenbarung zuspitzen, welche durch verschiedene Stufen sich hindurchziehend, endlich zur Menschwerdung führte[2]). Der Logos ist von Anfang an zu den Seelen gekommen, soweit sie ihn fassen wollten, insbesondere ist er in die der Patriarchen und Propheten niedergestiegen, nicht aber in die der griechischen Philosophen, wie Origenes ausdrücklich gegen Clemens Alex. hervorhebt. Es würde die engen Grenzen unsrer Darstellung überschreiten, wollten wir uns eingehender mit dem christologischen Problem befassen, es genügt uns darauf hinzuweisen, dass die Menschwerdung Jesu zunächst Belehrung der verkehrten menschlichen Willensrichtung bezweckte: der Wert des Heilswerkes seitens des Logos ist dementsprechend begründet in der Aufklärung über das richtige Wissen, fernerhin in der Ausführung einer entscheidenden Tat im grossen sittlichen Weltkampfe, wodurch

---

[1]) Philoc. C. 25 ganz; Ueberschrift: ὅτι ὁ ἐκ προγνώσεως ἀφορισμὸς οὐκ ἀναιρεῖ τὸ αὐτεξούσιον.

[2]) c. Cels. IV, 18: Οὕτω τὴν τοῦ πεφυκότος τρέφειν ἀνθρωπίνην ψυχὴν Λόγου δύναμιν ὁ Θεὸς τοῖς ἀνθρώποις ἑκάστῳ κατ᾿ ἀξίαν μεταβάλλει.

das Gute zur Geltung gebracht und der Wiederbringungsprocess, auf den im Origenischen System Alles hinausläuft, angebahnt werden solle[1]. Der Heilswert seines Todes speciell, wird lediglich als vorbildlicher, nicht aber als satisfactorischer aufgefasst; nirgends wird auch nur mit einem Worte angedeutet, dass dieser Tod als Compensation für die von den gefallenen Vernunftwesen verübten Vergehungen, als Aequivalent der göttlichen Vergebung für die über die sündige Welt zu verhängenden Strafen gelten solle; eine solche Anschauung fände ja gar keinen Halt im Zusammenhang mit der Gesammtweltanschauung des Origenes: sind doch, um nur Eins hervorzuheben, die Strafen Gottes nur Besserungsstrafen[2].

Die Betrachtung des Heilswerkes seitens des Logos stellt uns unwillkürlich an die Schwelle der Eschatologie, welcher wir in einem letzten Abschnitt eine kurze Besprechung widmen wollen. Es ist für unsre Untersuchung höchst irrelevant zu erfahren, wie Origenes sich die Existenzart der Wesen nach dem Tode, ihren Aufenthaltsort, die Beschaffenheit ihrer Körper u. s. w. gedacht hat, es sei hier nur darauf hingedeutet, dass ihm, der als das zu erstrebende höchste Ziel die Annäherung an Gott lehrte und demnach eine stufenweise Erhebung der Seele annahm, die Rückkehr zu sinnlichen Freuden, wie der Chiliasmus sie lehrte, ein sehr anstössiger Gedanke

---

[1] „In ihm (Christus) nahm der Logos eine menschliche Seele an, die wie alle andern die Wahl hatte zwischen Gut und Böse, sich aber frei für jenes entschied und so verdienterweise eins und durchglüht wurde vom göttlichen Logos .... aber bezeichnend ist, wie der ethische Geist des Origenischen Systems sich darin bewährt, dass er Christus, sogar den erhöhten Christus, sich sittlich entwickeln und ihn alle jenseitigen mansiones oder Stufen durchlaufen, ihn also auch darin den Vorgänger und das Vorbild für alle übrigen Menschen sein lässt." Ziegler „Gesch. d. christl. Ethik" pg. 151.

[2] Durchaus ethisch ist der Gedanke, dass die Einkörperung der Seelen vom gütigen Gott zur Besserung der Menschen geordnet, und die Materie speciell zu diesem Behuf für die gefallenen Geister geschaffen sei, ein Gedanke, der nur auf griechischem Boden möglich war, wo ja, wie wir aus Plato wissen, die Strafe mit Vorliebe als Besserungsmittel angesehn wurde. Ziegler a. a. O. pg. 150.

sein musste. Fruchtbarer für unsre Untersuchung ist seine
Ansicht über die sogenannte Wiederherstellung aller Dinge,
seine Lehre von der ἐπανόρθωσις (der sonst gebräuchliche Ausdruck ἀποκατάστασις τῶν πάντων fehlt in den Fragmenten) mit ihren
Consequenzen. Auf endliche Wiederherstellung aller gefallenen
Geister ist das grossartige Origenische System von Vornherein
angelegt[1]), das Ziel, auf welches der ganze cosmische Process
hingravitirt, ist die consummatio omnium, von der auch der
Teufel mit seinen Engeln nicht ausgeschlossen ist[2]) — „eine
freundliche und milde Anschauung des griechischen Optimisten
gegenüber den pessimistischen Ideen mancher Gnostiker".

Die Welt entsteht durch die Selbstbestimmung der freien
endlichen Geister, sie nimmt zuletzt wieder ein Ende, weil es
undenkbar ist, dass die endlichen Geister in ihrer Freiheit
nicht vom Bösen wieder zum Guten zurückkehren sollten;
doch nicht auf einmal wird die Rückkehr geschehn, sondern
nur allmälig und im Verlauf von unzähligen Aeonen. So hat
es, wie bereits erwähnt, von jeher Welten gegeben, welche
stets der jedesmaligen moralischen Beschaffenheit der Vernunftwesen angemessen sein mussten; indem nun diese Moralität
wechselte, mussten auch die Welten wechseln, und ein Ding
der Unmöglichkeit ist es, dass eine Welt in derselben Folge
des Geborenwerdens, Handelns und Sterbens noch einmal zum
Vorschein kommt; der ganze Weltverlauf in der unendlichen
Folge der endlichen Aeonen ist eben nichts Anders als der
beständige Wechsel der bald auf die Seite des Guten, bald
auf die des Bösen fallenden Entscheidung der Wahlfreiheit[3]).

---

[1]) „Auch das Jenseits ist nur eines der vielen Lehrgebäude, in
deren verschiedenen Hörsälen auch die Qualen des eigenen Gewissens ein
Erziehungsmittel in der Hand des liebenden Gottes sind." Ziegler
a. a. O. pg. 151.

[2]) De pr. III, 6, 5: Propterea namque etiam novissimus inimicus,
qui mors appellatur destrui dicitur ut neque ultra triste sit aliquid, ubi
mors non est neque adversum sit, ubi non est inimicus. Vgl. de pr. I, 6, 3.

[3]) Hier. ad Avit. nach Schnitzers Uebersetzung pg. 241 i. cit. W.:
„Es unterliegt keinem Zweifel, dass nach gewissen Zwischenzeiten die
Materie wieder ins Dasein komme und Körper entstehen und die Mannig-

Wir können nicht umhin angesichts dieses überspannten Freiheitsbegriffes, wodurch die teleologische Betrachtungsweise des Origenes selbstverständlich sehr eingeschränkt wird, mit dem Philosophen Ritter zu bekennen: „im Hintergrund dieser Ideen liegt die göttliche Notwendigkeit aller dieser Entwicklungen für Gott selbst, der dieser ewigen Unruhe nicht entbehren kann" [1]).

Mit dieser Auseinandersetzung haben wir an sich schon die Frage, ob aus dem Zustand der Apocatastasis noch ein Rückfall möglich ist, bejahend beantwortet, obgleich wir uns nicht verhehlen, dass diese Ansicht, nach welcher ein Zustand endgültiger Vollendung nie eintreten werde, vielmehr der freie Wille der Creaturen auf der höchsten sittlichen Stufe als ein endlicher immer wandelbar bleibe und mit der Möglichkeit des Rückfalls behaftet immer neue Welten hervorrufe, in klaffendem Widerspruch steht zu dem Ziele, welches Origenes offenbar vorschwebt. Dieser unsrer Auffassung, welche sich auf die Lehre der Fragmente stützt, steht die Ansicht eines Rufin gegenüber [2]), und um auch unter neueren Forschern, die übrigens beinahe sämmtlich diesem Letzteren beipflichten, Einen zu nennen, Denis, welcher eine schliessliche Wiederbringung ohne Rückfall aufrecht zu erhalten sich alle denkbare Mühe gibt [3]); zur Erhärtung seiner Auffassung beruft er sich auf die Lehre von der Menschwerdung des Logos, seit welcher Alles sich geändert habe: „si la possibilité de faillir subsiste dans les mondes futurs, s'il y a même de graves rechutes, ou bien Origène ne savait pas ce qu'il disait ou ce qu'il voulait ou

faltigkeit der Welt wiederhergestellt werde . . . . Auch darf nicht vergessen werden, dass viele vernünftige Wesen bis zur zweiten, dritten und vierten Welt ihrem Ursprung treu bleiben und keiner Veränderung in sich Raum geben, andre so wenig von ihrem anfänglichen Zustand aufgeben werden, dass sie fast Nichts verloren zu haben scheinen, wieder andre dagegen durch einen ungeheuren Fall in den tiefsten Abgrund stürzen."

[1]) Vgl. die treffende Bemerkung von Dorner, Entwicklungsgeschichte I. 690 f. A.
[2]) De pr. III, 6, 3.
[3]) Denis a. a. O. pg. 359.

bien il faut supposer que ...... le monde spirituel ne cesse de se perfectionner graduellement" — demungeachtet gibt Denis im weiteren Verlauf seiner Auseinandersetzung zu, dass sich Origenes zu dieser Anname nicht ausdrücklich bekenne und daher sehr Unrecht habe. Wir müssen gestehn, dass die Art, wie Origenes die Lehre von der unendlichen Succession von Welten zu begründen sucht, freilich nicht sehr dazu geeignet ist, die Gedanken, welche ihn dabei leiteten, in ein klares Licht zu stellen: die Natur der Geschöpfe scheint ihm zwischen zwei Annamen die Wahl zu lassen, entweder, dass sie ganz in Gott zurückkehren und dass ihre Verschiedenheiten in seiner Einheit ausgelöscht werden würden, oder dass sie verschieden bleiben und alsdann auch nur ein nicht ganz vollkommenes Dasein erhalten, was als die einzig richtige Folgerung seines Freiheitsbegriffes erscheint [1]).

Dies wäre in allgemeinen Umrissen das dogmatische System des Origenes, so weit es für unsre Abhandlung über seine Freiheitslehre in Betracht kommen kann, ein System willkürlicher Speculationen, welche alle damaligen obersten Wahrheiten zu vereinigen suchte. Da seine Doctrin von der Willensfreiheit sein ganzes Dogmengebäude durchzieht und die Basis bildet für seine cosmologischen, anthropologischen und teleologischen Anschauungen, so wird man es uns zu gute halten, dass wir diese Specialpuncte nicht eingehender behandelt haben und der Gefahr, seinen ganzen Ausbau der christlichen Lehre besprechen zu müssen, dadurch entgangen sind, dass wir aus den einzelnen Disciplinen seiner Dogmatik diejenigen Puncte herausgegriffen haben, welche unmittelbar mit seiner Freiheitslehre und ihren ethischen Folgerungen in Beziehung gebracht werden können. Wir haben gesehn, dass er bei dem Versuch, eine Erklärung der Welt und der Geschichte zu geben,

---

[1]) Mehlhorn, Zeitschrift f. histor. Theologie 1878 pg. 253: „der strenger kirchliche Rufin ruht mit seinem Denken in einem vollendeten Weltabschluss aus, der speculativere Origenes dagegen kommt über das πάντα ῥεῖ nicht hinaus".

gar oft den Boden der Wirklichkeit verlassen und in transcendente Regionen sich erhoben hat, in denen der Begriff keinen festen Haltpunct mehr findet. Seine Gesammtweltanschauung verräth eine Färbung, die nur durch die Philosopheme griechischer Geister in das Denken des christlichen Philosophen gedrungen ist: sein Begriff des freien Willens ist, wie schon mehrfach bemerkt wurde, nicht sowohl thetisch als vorherrschend antithetisch im Gegensatz zu dem gnostischen Dualismus, der den Grund sittlichen Unterschiedes in der Menschheit in der Natur und nicht im handelnden Princip des freien Willens sucht. Für letzteres tritt er ferner ein im Gegensatz zu der Lehre der Epicureer, welche der τύχη alle cosmischen Phänomene zuschreiben, der der Stoa, die an ein unwiderstehliches Geschick, die ἑιμαρμένη, glaubt, und der der Astrologen, die einen Einfluss der Gestirne auf des Menschen Geschicke annehmen. Den Schlüssel des Welträtsels und seiner ganzen Theodicee finden wir bei ihm in der creatürlichen Wahlfreiheit, als welche er sich die Freiheit der Vernunftwesen stets denkt: sie bildet den Gravitationspunct seines ganzen idealen Weltgebäudes: „wie der ganze Weltprocess ein Erziehungsgang ist, — und das ist die ethische Seite des Origenischen Systems — der mit dem Fall beginnt und mit der Wiederbringung aller Dinge endigt, so dass Gott wieder Alles in Allem ist (allerdings beginnt dann dasselbe Spiel wieder von vorn), so muss auch jeder Einzelne alle Stufen durchlaufen bis zur untersten, um von da sich wieder emporzuarbeiten, und erst wenn Alle, freilich nach mancherlei Rückfällen, wieder auf demselben Puncte angelangt sind, ist das Drama zu Ende, um auch für den Einzelnen wieder von vorne anzufangen: so ist hier der Mensch im vollsten Sinne Mikrokosmus" (Ziegler).

II.

Bevor wir uns zur Betrachtung der antiken Ethik wenden, so weit sie für unsre Untersuchung hinsichtlich eines Zusammenhangs zwischen ihr und der von uns im ersten Hauptteile besprochenen Freiheitslehre des Origenes in Betracht kommen kann, dürfte es sich empfehlen, einige erläuternde Bemerkungen über die Art und Weise vorauszuschicken, wie wir uns dieser nicht ganz leichten Aufgabe zu entledigen gedenken. Vor Allem müssen wir uns darüber klar sein, wie weit wir überhaupt den Begriff der griechischen Ethik zu fassen haben; denn es leuchtet von Vornherein Jedermann ein, dass, da einerseits die Origenische Freiheitslehre Momente in sich schliesst, welche als specifisch christliche Lehren in einer heidnischen Disciplin keinen Raum finden, andrerseits aber die antike Sittenlehre, in ihrem weitesten Umfang betrachtet, keinen isolirten Platz für sich einnimmt, vielmehr in ungeschiedener Einheit mit der Metaphysik, Psychologie und beinahe durchgehends in Verbindung mit der Politik zum Ausdruck kommt, wir uns im Folgenden darauf beschränken müssen, diejenigen Puncte in der hellenischen Ethik ins Auge zu fassen, welche in dem System des Kirchenlehrers, wenn auch nicht gerade zur Behandlung kamen, doch Analogieen oder feinere Anklänge resp. Differenzen in der Darstellungsform aufzuweisen vermögen. So weit wie Schleiermacher in seinen „Grundlinien einer Critik der bisherigen Sittenlehre" können wir in unsrer Restriction nicht gehn, dass wir geradezu behaupten, die Lehre

von der Willensfreiheit und vom Bösen werde missbräuchlich
für eine ethische angesehn: denn wollten wir uns auf diesen
Standpunct stellen, so würden wir ja auf den Versuch einer
Lösung der uns gestellten Aufgabe rundweg verzichten. Es
lässt sich ja Alles miteinander vergleichen, was nur irgendwie
in einem gemeinsamen Gattungsbegriff zusammentrifft, ebenso
leicht aber lässt sich auch einsehn, dass nicht jeder Factor
der einen Seite mit jedem der anderen sich nicht blos überhaupt zu einer, sondern bestimmter auch zu einer fruchtbaren
Vergleichung eignet; eine solche findet eben nur da statt, wo
auf dem Grund eines nicht allzu unbestimmten Tertium com-
parationis characteristische Differenzen sich abheben.

Schon eine flüchtige Bekanntschaft mit der griechischen
Ethik weist die Eigentümlichkeit auf, dass sie beinahe durchgängig mit der Politik im engeren oder weiteren Sinn auf's
Innigste verknüpft ist. Es geht, um es kurz zu sagen, der
antiken Welt zum grossen Teil das Bewusstsein von der absoluten Bedeutung der Subjectivität ab; zwar war schon in
den frühesten Zeiten die Wertschätzung des persönlichen Lebens
auch nicht unbeachtet geblieben, aber es wurden darüber,
namentlich in den Kreisen der Dichter und Weisen nur vereinzelte Reflexionen ausgebildet, und die daraus sich ergebenden
Resultate wurden dann gern in knappen Grundsätzen der practischen Lebenserfahrung und Lebensklugheit niedergelegt. Wenn
dem Griechen die Begriffe vom Uebel der Welt, von der Unvollkommenheit dieses Erdenlebens auch nicht fehlten und wenn
er auch von dem Fall unsers besseren Teils, von der Trennung
vom Urquell des Guten etwas ahnte, der herrschende Gedanke
ist hier nicht wie im Christentum jene innere Entfremdung des
freien Willens von Gott, sondern die Klage geht immer wieder
zurück auf die Verbindung des Geistes mit der Sinnenwelt:
die Welt war ihm lediglich der grosse Schauplatz endlicher
Freiheit, auf dem der Geist schaffend und zerstörend wirke;
dass aber der Mensch ausserhalb der sittlichen Einheit mit
Gott ein Sünder sei, dass er in seinem ganzen Tun und Handeln

sein Augenmerk besonders auf die höhere, sittliche Weltordnung zu richten habe, ahnte der griechische Geist eher als dass er sich dessen klar bewusst war.

Der Gang unsrer Untersuchung wird in diesem weiteren Teil der folgende sein: wir werden die griechische Ethik in ihrem geschichtlichen Verlauf vorführen, wobei wir von der sehr oft mitunterlaufenden Metaphysik nicht ganz Umgang nehmen dürfen; an die Erklärung aber der einzelnen Hauptsysteme werden wir eine vergleichende Betrachtung derselben mit den analogen Erklärungsweisen des Origenes anknüpfen und die Nachwirkungen des von einer jeden Schule gegebenen Anstosses zu einer neuen Entwicklung des ethischen Bewusstseins chronologisch verfolgen. Zum Voraus lässt sich feststellen, dass, da die griechische Philosophie vor Socrates wenig ethische Ausführungen darbietet, schwerlich in ihr etwas uns hier Interessirendes aufzufinden ist: erwähnt zu werden verdienen höchstens die Pythagoreer, deren Richtung auf's Ethische hin als ein hervortretendes Zeichen ihrer Bestrebungen zu beachten ist, doch bieten sie so wenig dar, dass wir füglich ihre aphoristischen Reflexionen mit Stillschweigen übergehen können: wir machen daher den Anfang mit Socrates und der platonischen Sittenlehre, sodann betrachten wir das aristotelische System, an welches sich die stoische Schule anschliessen soll, den Schlusspunct unsrer Untersuchung wird der Neuplatonismus bilden.

Schon ausserhalb der griechischen Philosophie finden sich vereinzelte Stimmen, die gegen den dumpfen Glauben an ein blindes Fatum das befreiende Bewusstsein laut proclamirten: der Mensch, so hört man, bedarf in der sittlichen Vertiefung des eigenen Selbst so wie in der sittlichen Beurteilung Anderer der Voraussetzung der Freiheit[1]. Doch abgesehn von diesen Aeusserungen weniger Einzelner, ist die ethische Idee von einer

---

[1] Aeschylos: Eum. 539: ἑκὼν δ᾽ ἀνάγκας ἄτερ δίκαιος ὢν οὐκ ἄνολβος ἔσται. Heraclit: τὸ ἦθος ἀνθρώπῳ δαίμων. Vgl. E. de Faye „Etude sur les idées religieuses et morales d'Eschyle". 1884 Thèse. Ferner M. Hild „Les démons dans la religion et la littérature grecque 1880.

freien Betätigung des Willens, der Gedanke an eine Imputabilität dem Griechen als solchem auch später nicht zum völligen Bewusstsein gekommen[1]); dass der Mensch ein Teil des Naturganzen ist, hat er nie vergessen und so erklärt es sich denn auch, wie es kommt, dass die ethischen Begriffe der Hellenen sämmtlich in directer Abhängigkeit von den physicalischen stehn, dass ihre ganze Sittenlehre von einem naturalistischen Zuge durchweht ist.

Derjenige nun, welcher in der griechischen Wissenschaft die ethischen Elemente zuerst zum Ausdruck bringt und als der eigentliche Begründer der wissenschaftlichen Moral oder besser gesagt als „der Reformator der griechischen Ethik" angesehn werden darf, ist Socrates; denn mit ihm tritt die Philosophie, die vorher nur eine Natur- und Weltlehre begründen wollte, anlässlich seiner Auseinandersetzungen mit den Sophisten, die auch in der Ethik Naturphilosophen blieben, in den Dienst der menschlichen Lebenszwecke. Man würde indess fehl gehn, wollte man von ihm eine systematisch durchgeführte Sittenlehre erwarten; mit voller Sicherheit können nur wenige philosophische Bestimmungen der socratischen Ethik vindicirt werden; was sich etwa in dieser Hinsicht anführen lässt, beschränkt sich lediglich auf das Formelle; das reformatorische Element in ihr liegt darin, dass das gesammte sittliche Tun oder die Tugend auf ein Wissen zurückgeführt wird. „Insofern Socrates das Gebiet der menschlichen Angelegenheiten, wie weit es ein ethisches ist, durch den Begriff der Erkenntnissfähigkeit d. h. dadurch umgränzte, dass, was dazu gehören soll, auch dem Wissen zugänglich und also eine genaue Einsicht in dasselbe erreichbar sein muss, und folglich in solchem Wissen auch ein

---

[1]) „Alle Verschiedenheiten der Auffassung, wie sie in den ethischen Systemen der Griechen wirklich zu Tage getreten sind, gehen auf und unter in der durch ihre ganze Ethik hindurchgehenden Eigentümlichkeit, dass die intellectuelle Seite, die Vernunft und Einsicht, λόγος und φρόνησις, Wissen und Erkennen überall und ohne Ausname die oberste Instanz ist, an die das Ethos jeder Zeit zu appelliren hat und von der es durchaus abhängt." Ziegler, Gesch. d. griech. Ethik.

Teil Desjenigen mit erkannt wird, was der Mensch zu tun oder zu lassen den Auftrag hat, gewann für ihn das Wissen d. h. allgemein gesagt die Theorie des Handelns ein solches Uebergewicht, dass er Wissen und Können mit einander identificirte." (Strümpell. Gesch. d. Philos. Bd. II.) Wenn nun aber auf diese Weise das Sittliche als Sache des Wissens gedacht wird, und das Gute lediglich von diesem letzteren herzuleiten ist, so folgt daraus, dass das Böse als nur in dem Mangel des Wissens begründet, unfreiwillig geschieht[1]. Sobald man, lehrt er, das Gute, welches immer auch das Nützliche ist[2]), erkennt, wird es auch geübt, das Böse aber geschieht nur aus Unwissenheit[3]): schlecht ist daher Einer nur wider Willen[4]): denn weil das Wissen nur auf das Gute gerichtet sein kann, wählt Niemand das Böse mit dem Bewusstsein, dass es böse sei[5]). Wenn Socrates durch diese Betrachtungen einen Anstoss zu ethischen Untersuchungen gegeben hat, so können wir doch nicht behaupten, dass er dieselben weiter ausgeführt habe; wohl müssen wir es ihm hoch anrechnen, dass er auf eine sittliche Weltregierung hinwies und durch Lehre und Beispiel die Notwendigkeit der Verehrung der Gottheit lehrte, allein sein Versuch kann in der Geschichte der griechischen Ethik nur als ein bei- oder untergeordnetes Glied betrachtet

---

[1]) Plato Lach. 194. D: πολλάκις ἀκηκοά σου λέγοντος ὅτι ταῦτα ἀγαθὸς ἕκαστος ἡμῶν ἅπερ σοφός, ἃ δὲ ἀμαθής ταῦτα δὲ κακός. — Xenoph. Memor. III, 9, 4. Bei den platon. Citaten wird die Ausgabe von Stallbaum benutzt (Leges jedoch citirt nach Fr. Ast).

[2]) Xenoph. Memor. IV, 6, 8: ἄλλο δ᾽ ἄν τι φαίης ἀγαθὸν εἶναι ἢ τὸ ὠφέλιμον; οὐκ ἔγωγ᾽ ἔφη.

[3]) Arist. M. Mor. l. I, c. 35, 29: Διὸ οὐκ ὀρθῶς Σωκρ., ἔλεγε φάσκων εἶναι τὴν ἀρετὴν λόγον· οὐδὲν γὰρ ὄφελος εἶναι πράττειν τὰ ἀνδρεῖα καὶ τὰ δίκαια μὴ εἰδότα καὶ προαιρούμενον τῷ λόγῳ.

[4]) Arist. M. Mor. l. II. c. 6. 2: . . . . λέγων ὅτι οὐδεὶς εἰδὼς τὰ κακὰ ὅτι κακά εἰσιν ἕλοιτ᾽ ἄν.

[5]) Arist. M. Mor. 1, 9: . . . . ἀλλ᾽ ὥσπερ Σωκρ. ἔφη, οὐκ ἐφ᾽ ἡμῖν γενέσθαι τὸ σπουδαίους εἶναι ἢ φαύλους· εἰ γάρ τις φησιν· ἐρωτήσειεν ὁντινοῦν πότερον ἂν βούλοιτο δίκαιος εἶναι ἢ ἄδικος, οὐδεὶς ἂν ἕλοιτο τὴν ἀδικίαν . . . .
Vgl. Plato Prot. pg. 358 a. Ende; Apologia pg. 26; Meno pg. 77.

werden, als eine Vorstufe des Platonismus. Wenn er auch einerseits der freien Selbstbestimmung des Menschen Manches einräumt und eine jede Handlung nicht als Ausfluss fremder Causalität, sondern als freies Werk des Menschen ansieht, so hebt er andrerseits dieses Alles wieder auf durch die Behauptung, dass nur das Wissen wahrhaft frei mache. Ueberhaupt sieht er das Wollen gar nicht als das die Handlung erzeugende Princip an, ihm gilt es für ein ethisch Indifferentes d. h. dem Guten wie dem Schlechten Gemeinsames, also Beides nicht Unterscheidendes. Da diese ganze Auffassung auf einem Utilitätsprincip beruht, welches der intellectualistischen Richtung des Plato die Bahn vorgezeichnet, und wir uns der Gefahr unnötiger Wiederholungen nicht aussetzen wollen, so wird es am geratensten sein, die precären ethischen Denkformen des Socrates mit dem System seines grossen Schülers zusammennehmen und in dieser Verbindung einen Vergleich mit der Origenischen Freiheitslehre anzustellen.

Es konnte Plato unmöglich entgehn, dass, wenn Socrates bei allem menschlichen Handeln die Tätigkeit des Denkens beanspruchte, diese immer noch von gewissen Dingen abhängig blieb; doch auch bei ihm nimmt wenigstens in der sogenannten „ersten socratischen Periode" seiner Schriftstellerei, das Wissen den ersten Platz ein, erst durch dieses erhebt sich der Geist zur Ideenwelt. Das Böse ist auch ihm in dieser socratischen Gestaltung seiner Ethik Mangel der Erkenntniss, wesshalb es kaum als Sache bewusster Freiheit betrachtet wird, sondern als Etwas, das nicht mit klarem Bewusstsein geschieht[1]). Niemand, sagt auch er, ist freiwillig böse[2]); so sind denn die Vergehungen des Wissenden eben keine Fehler, sondern nur solche Verstösse gegen die Sittenlehre, die ihre Rechtfertigung

---

[1]) Prot. 345 D; Gorg. 509. E; Theaetet 176: Ἀλλ' οὔτ' ἀπολέσθαι τὰ κακὰ δυνατόν ὦ Θεόδωρε · ὑπεναντίον γάρ τι τῷ ἀγαθῷ ἀεὶ εἶναι ἀνάγκη.

[2]) Tim. 86. D: κακὸς μὲν γὰρ ἑκὼν οὐδείς, διὰ δὲ πονηρὰν ἕξιν τινὰ τοῦ σώματος καὶ ἀπαίδευτον τροφὴν ὁ κακὸς γίνεται κακός. Diesem Gedanken hat Pl. einen eigenen Dialog gewidmet, den kleinen Hippias.

von einem höheren Standpuncte aus in sich selbst finden[1]). Ob und wiefern die richtige Erkenntniss des Guten von der Freiheit des Menschen abhänge, bestimmt er nicht näher, wohl aber, dass einige Menschen von Natur schon mehr, andere weniger fähig und aufgelegt dazu seien; seine Lehre von der Freiheit überhaupt enthält etwas Dunkles und Problematisches; so viel ist aus unleugbar echten Schriften gewiss, dass er behauptet, die Erkenntniss des Guten sei notwendig auch mit einem Begehren desselben verknüpft, und dass der Mensch, wenn er das Böse tut, sich dasselbe als etwas Gutes vorstellen müsse. Muss sich aber der Mensch in seinen Handlungen immer nach der Vorstellung vom Guten, dessen Urheber er ja nicht selbst ist und dessen Form er auch auf das Böse überträgt, notwendig richten, so ist er nicht der selbständige, unabhängige Urheber seiner Handlungen. Da auch ihm wie Socrates das Gute zusammenfällt mit dem Nützlichen und Brauchbaren[2]), so teilt er mit Jenem auch das Utilitätsprincip als Grund und Quelle alles Handelns[3]), und wenn man weiter bedenkt, wie bei Plato das Staatsinteresse alle anderen verschlingt und der Staat so sehr Voraussetzung für das Handeln eines Jeden ist, dass er allein alles Tun zu normiren hat, so ist keine Frage, dass dieser idealen Grösse auch das Recht zusteht, über die Sphäre, innerhalb welcher die Sittlichkeit des Individuums sich ausgestalten soll, zu wachen.

Was ist es nun, das dem Menschen seinen Platz in der Welt anweist und wie entledigt er sich seiner Aufgabe, ein Bürger des idealen Reiches zu werden? Nach dem Vorgang des Pythagoras lehrt Plato die Seelenpräexistenz in dem berühmten Mythus des Phädrus vom Eintritt der unsterblichen

---

[1]) De leg. V. 731 c: Τὰ δ' αὖ τῶν ὅσοι ἀδικοῦσι μὲν κατὰ δὲ γιγνώσκειν χρή, πρῶτον μὲν ὅτι πᾶς ὁ ἄδικος οὐχ ἑκὼν ἄδικος · Τῶν γὰρ μεγίστων κακῶν οὐδεὶς οὐδαμοῦ οὐδὲν ἑκὼν κέκτηταί ἄν ποτε, πολὺ δ' ἥκιστα ἐν τοῖς τῶν ἑαυτοῦ τιμιωτάτοις. Cf. IX 860 e.

[2]) Protag. 333 D, E: ἀγαθὸν ἦν δ' ἐγώ, ταῦτ' ἐστὶν ἀγαθά, ἅ ἐστιν ὠφέλιμα τοῖς ἀνθρώποις.

[3]) Gorg. 468, B cfr. ibid. 500 E.

Seelen in die terrestrische Welt[1]). Wie Origenes die Ursache des Falles in die verkehrte Willensrichtung der Vernunftwesen setzt, wodurch sie sich vom Göttlichen abwandten, so führt Plato das Herabsinken der Seele, der dereinstigen Bewohnerin höherer, himmlischer Regionen, des Reiches der Ideen, in einen fremden, sterblichen Erdenleib auf ihre Unfähigkeit zurück, das Göttliche dauernd zu erkennen. Beide kommen darin überein, dass der gegenwärtige Zustand des Menschen ein erst gewordener ist und dass der Grund des Falles jenseits des zeitlichen Bewusstseins des menschlichen Individuums liegt[2]). Bei der Identificirung aber der Freiheit mit der Vernunft musste Plato die Entwicklung der Vernunfterkenntnisse, mag er sie sich als fortschreitend oder als rückschreitend in jener intelligibeln Welt vorstellen, auch während des verkörperten Daseins als Tat der Freiheit ansehn, wenn er es auch nicht an Aeusserungen fehlen lässt, wonach die Seele beschränkt wird, sei es durch die Verbindung mit dem materiellen Körper sei es in ihren Beziehungen zu dem Gesammtleben der Natur, wie er z. B. annimmt, dass durch die Bewegungen der Gestirne des Menschen Geschicke beeinflusst werden könnten[3]). So konnte er trotz allem Ringen den leidigen Fatalismus nicht ganz los werden und nahm, was die moralische Rechte dem Individuum an Gehalt und Würde verlieh, mit der religiösen Linken wieder weg. „Was er vom Wollen weiss, ist sehr wenig und überdies ist auch dieses Wenige unklar, obwohl man deutlich erkennt, dass er mit den beiden anderen noch

---

[1]) Phädrus 246 Cp. 25 u. 26; Meno 86, A; de Repub. X. 611 A.

[2]) „Nach Phädrus ist es menschliche Schuld, ein Abfall der Seele, sei es nun in Folge ihrer angeborenen Verbindung mit den niederen Seelenfunctionen oder der κακία ἡνιόχου, der aber eben darum auf einer gewissen Notwendigkeit beruht; im Timäus wird ausschliesslich diese letztere ins Auge gefasst und von aller menschl. Schuld abgesehn." Ziegler a. a. O.

[3]) Schon Heraclit behauptet, auf den astrologischen Aberglauben des Homer hinzielend, nicht von den Sternen oder einem nach Willkür waltenden ausserweltlichen Gott hänge das Geschick des Menschen ab, sondern von seiner eigenen Natur und seinem eigenen Wesen, in dem die Gottheit selber walte und wohne.

neben dem Denken angenommenen psychischen Hauptprincipien, dem ἐπιθυμητικόν und θυμικόν, dasjenige zum Teil gemeint und angedeutet hat, was wir jetzt in den Begriffen des Wollens und Nichtwollens zusammenfassen" (Strümpell a. a. O.); ob er in der weiteren Ausführung seiner Gedanken versucht hat, die freie Selbstbestimmung auf das von ihm der Seele zugeeignete Merkmal der Selbstbewegung zurückzuführen, lässt sich kaum mit einiger Sicherheit entscheiden.

Wie erklärt nun Plato das Böse in der Welt? diese Frage, die er in ziemlich concreter Weise behandelt hat, gibt uns Aufschluss darüber, wie er als Dialectiker und Ethiker in dieser Sinnenwelt das Werk einer Alles ordnenden Intelligenz zu erfassen suchte; die Teile der Aussenwelt und die Ereignisse in ihr erklärt er als ein System von vernünftigen Relationen und vorgedachten Zwecken, unter welchen der Mensch in seinem Streben nach Gottähnlichkeit einen ganz vorzüglichen Platz einnimmt. Der Gott Plato's ist ein Gott der Ordnung, der Harmonie in die formlose Materie gebracht hat und Alles nach den Gesetzen der Weisheit und Güte regiert; das Böse, welches in der Welt herrscht, ist nicht von ihm[1], sondern das Ergebniss einer gewissen Wahl seitens des Menschen[2], an dem es nun ist, Alles zu versuchen, der Tugend nachzustreben[3]. Offenbar trifft Plato in der Anname, dass das Böse eine nicht auf Gott zurückzuführende Unordnung der menschlichen Natur sei[4], mit Origenes zusammen, auch er lässt dasselbe nur als zugelassen durch die göttliche Ursächlichkeit, nicht aber als durch sie bewirkt gelten[5]; ferner führt auch er wie der

---

[1] De rep. X, 617 e.
[2] De rep. X, 618—620, in welchem Mythus keineswegs die Idee einer unbeschränkt freien Wahl des Menschen gelehrt wird, sondern vielmehr eine wunderbare Mischung von Freiheit und Notwendigkeit.
[3] Theaet. 176 A: Διὸ καὶ πειρᾶσθαι χρὴ ἐνθένδε ἐκεῖσε φεύγειν ὅτι τάχιστα ....
[4] De rep. II. 379.
[5] Tim. 29 E u. 30 A: ... πάντα ὅτι κάλλιστα γενέσθαι ἐβουλήθη, παραπλήσια ἑαυτῷ ... βουληθεὶς γὰρ ὁ θεὸς ἀγαθὰ μὲν πάντα, φλαῦρον δὲ

Alexandriner die Erscheinungen des Bösen auf einen prädominirenden Einfluss des materiellen Körpers auf den Geist zurück[1]), doch unterlässt er es, dem Urgrund des Bösen ernstlich nachzuspüren. Aus dem chaotischen Naturgrunde leitet er alles Uebel her[2]), und so war freilich Gott nicht Urheber des Bösen, sondern dieses haftet als notwendige Schranke dem Creatürlichen an und ist eine der Endlichkeit überhaupt anklebende Unvollkommenheit; das Verhältniss des Menschen zum Bösen ist demnach nicht sowohl ein durch ihn selbst gesetztes als vielmehr ein in der Natur und Weltbeschaffenheit gegründetes, ein solches, in welches, wie schon mehrfach hervorgehoben wurde, der Mensch aus Unwissenheit geraten ist. Aus diesem Zustand des Abfalls von der Gottheit kann nur der geistig Gebildete erlöst werden, das beste Reinigungsmittel ist in dieser Krankheit die Philosophie. Was hilft aber da alle Autonomie und Energie des sittlichen Willens, wenn alle edleren Bestrebungen an der unwiderstehlichen Macht eines kalten Aristocratismus, wie er hier gelehrt wird, sich brechen müssen? Die Wahrnehmung ferner, dass bei Plato, der sich nicht dazu erheben konnte, den Willen als Träger und Object der Wertschätzung zu erkennen, der Begriff des sittlich Guten sich nicht vollkommen im Einzelnen realisire, sondern nur in der Gesammtheit der einen Staatsorganismus bildenden Menschheit, welcher das Individuum mit Aufgebung seiner persönlichen Rechte und Ansprüche seine Freiheit zum Opfer bringt, haben wir früher schon gemacht.

Wenn wir auf das in flüchtigen Umrissen gezeichnete socratisch-platonische System zurückblicken, soweit es für unsre

---

μηδὲν εἶναι κατὰ δύναμιν . οὕτω δὴ πᾶν, ὅσον ἦν ὁρατόν . . . . εἰς τάξιν αὐτὸ ἤγαγεν ἐκ τῆς ἀταξίας.

[1]) Phädon 66 B: ὅτι ἕως ἂν τὸ σῶμα ἔχωμεν καὶ ξυμπεφυρμένη ᾖ ἡμῶν ἡ ψυχὴ μετὰ τοῦ τοιούτου κακοῦ, οὐ μήποτε κτησόμεθα ἱκανῶς οὗ ἐπιθυμοῦμεν· φαμὲν δὲ τοῦτο εἶναι τὸ ἀληθές.

[2]) Polit. 273 C: παρὰ μὲν γὰρ τοῦ συνθέντος πάντα καλὰ κέκτηται· παρὰ δὲ τῆς ἔμπροσθεν ἕξεως ὅσα χαλεπὰ καὶ ἄδικα ἐν οὐρανῷ γίγνεται ταῦτα ἐξ ἐκείνης αὐτός τε ἔχει καὶ τοῖς ζώοις ἐναπεργάζεται.

Untersuchung in Betracht kommen konnte, so merken wir alsobald, dass in dem ganzen sittlichen Process, der daselbst verhandelt wird, neben der idealen Handlungsweise des Individuums, dem vielfach die Initiative zukommt, ein realer Determinismus hergeht: auf der einen Seite finden wir das Bestreben, jedes Einzelne dem Ganzen unterzuordnen und von ihm abhängig zu machen, auf der anderen Seite bricht sich zuweilen auch der Gedanke Bahn, dass die Dinge in der Welt, sofern sie beseelt sind, irgend eine Gewalt über sich selbst besitzen müssen. Diese beiden hier angedeuteten heterogenen Richtungen stehn unvermittelt neben einander; wir finden für die Lösung all' dieser ethischen Fragen mehr Andeutung im Bilde als Durchführung eines eigentlichen Begriffes, und es wird uns hier lediglich ein tiefsinniges Vorspiel nicht ohne Widersprüche gegeben für neuere Anschauungsweisen derselben Probleme.

Wie Plato nimmt auch Origenes eine übersinnliche Welt mit freien Geisterwesen an: wohl schwankt er vielfach in seinen Erklärungen über diese obere Welt — so betrachtet er zuweilen platonisch den Logos selbst, insofern er der Complex der göttlichen Ideen ist, als die Ideenwelt und die sinnliche als deren Abbild, häufiger versteht er aber darunter das Reich der von Ewigkeit her geschaffenen Geister. Man muss sagen, hier hat Origenes sich mehr die Form als den Inhalt der platonischen Reflexionen zu eigen gemacht. Das Dogma von dem Geisterfall ist zwar der Doctrin des Origenes nicht ausschliesslich eigentümlich, es bildet ja einen wesentlichen Bestandteil der christlichen Kirchenlehre, aber er ist der Erste, der im Anschluss an platonische Gedanken eine philosophische Begründung desselben erstrebt hat. Die ganze Seelenlehre ferner des Origenes basirt auf platonischen Prämissen, so z. B. die bekannte Trichotomie[1]: der Gedanke weiter, dass Gott die Welt aus Güte

---

[1] Drei Seelenvermögen, Vernunft oder Einsicht, die ihren Sitz im Kopf hat, Eifer oder Mut in der Brust, Begierde, die im Bauche wohnt: diese platon. Psychologie schon im Phädrus angedeutet in dem Wagenlenker und den beiden Seelenrossen.

geschaffen hat, ist auch platonischen Ursprungs, und ganz platonisch gedacht ist es, wenn der Alexandriner neben der in der Schöpfung sich betätigenden Güte Gottes immer nur von seiner vergeltenden Gerechtigkeit spricht. Weiterhin leitet Plato die dem νοῦς des Menschen zugesprochene Fähigkeit, Gott zu schauen, von der Wesensverwandtschaft ab, welche zwischen beiden besteht, er statuirt eine συγγένεια τῆς ψυχῆς πρὸς θεόν, und hieraus ergibt sich ihm eine Reihe von Lehren wie die von der Präexistenz der Seelen, von ihrem Eintritt in den Körper als in ein Gefängniss, von der Unmöglichkeit ewiger Strafen. Alle diese Lehren begegnen uns bei dem christlichen Origenes wieder, in dessen System sie die Prämissen oder Consequenzen der Freiheitslehre bilden; endlich haben wir gesehn, dass auch bei Plato mitunter die Ansicht durchschimmert, dass es eine Vergeltung gibt[1], die ja mit der vollständigen Leugnung der freien Betätigung des Menschen nicht zu vereinbaren wäre, da ohne Zurechnung jeder Unterschied von Tugend und Laster aufgehoben wird.

Was nun speciell die platonische Ethik, soweit sie etwa Gedanken zur Verwertung in einer Doctrin über die moralische Freiheit abgeben könnte, betrifft, so müssen wir angesichts der mangelhaften und widerspruchsvollen Freiheitslehre, die sie zur Darstellung bringt, uns gestehn, dass die Anknüpfungspuncte, welche Origenes daraus hätte verwerten können, sich auf ein Minimum reduciren lassen, hingegen lässt sich dreist behaupten, dass er beinahe Alles, was zu der unmittelbaren Voraussetzung seiner Freiheitslehre und zu den aus derselben sich ergebenden Folgerungen gehört, wie aus seinen cosmologischen, anthropologischen und teleologischen Reflexionen zur Genüge erhellt, von Plato entlehnt hat, mag er nun direct aus ihm geschöpft haben oder mögen ihm, wie Viele anzunehmen geneigt sind, diese Ideen und Denkformen erst durch die Vermittlung eines

---

[1] Phädon 107 C: Εἰ μὲν γὰρ ἦν ὁ θάνατος τοῦ παντὸς ἀπαλλαγή, ἕρμαιον ἂν ἦν τοῖς κακοῖς ἀποθανοῦσι τοῦ τε σώματος ἅμα ἀπηλλάχθαι καὶ τῆς αὐτῶν κακίας μετὰ τῆς ψυχῆς.

Philo oder des Neuplatonismus überkommen sein. Die ganze platonische Auffassung von der Weltordnung characterisirt sich als eine deterministische und steht somit im polaren Gegensatz zu der freiesten Selbstbestimmung des Origenischen Individuums, aber das Zurückgehn bei Origenes in seiner Freiheitslehre über die Wirklichkeit des Bewusstseins in eine mythische Vergangenheit, von der das natürliche wie das sittliche Dasein abhängig ist, die Zurückdatirung des alten Rätsels vom Bösen in eine intelligible Welt, das Alles erinnert allzu drastisch an den grossen griechischen Philosophen, als dass wir eine Anregung, die der Alexandriner von hier aus empfangen, in Zweifel ziehen könnten, und in diesem Sinne nur vermögen wir einen Zusammenhang zwischen der Origenischen Freiheitslehre und der platonischen Ethik, mit grösserem Recht mit der platonischen Metaphysik und Psychologie anzunehmen.

Dass sich in der Ethik des Aristoteles, des Fortbildners der platonischen Philosophie, ein grosser Fortschritt über des Lehrers System geltend macht, hat seinen Grund besonders darin, dass sie sich einer umfassenderen Beobachtung der tatsächlichen Verhältnisse befleissigt; indem Aristoteles als gründlicher Kenner des menschlichen Herzens und feiner Beobachter in erster Linie den Satz betont, dass die freie Willensbestimmung der Grund aller sittlichen Entwicklung ist, dass der Mensch durch fortgesetzte Willensrichtung sich seinen Character bildet, hat er dem platonischen Intellectualismus das Urteil gesprochen[1]). Ist uns bei Socrates und seinem Schüler als oberster Grundsatz ihrer Freiheitsidee der Spruch vorgehalten worden, dass Niemand freiwillig böse sei, so wird bei dem

---

[1]) Jul. Walter „die Lehre von der pract. Vernunft in der griech. Philos." pg. 110 . . . . „Bei Aristoteles fiel diese Absicht weg; er hatte rein nur das Individuum vor, die Individualität als solche grosszuziehen, auszubilden" (Hegel). Allem Experimentiren, jedem gewaltsamen Eingriffe abgeneigt, entwickelt seine Ethik auf dem Boden ausgebreiteter Lebenserfahrung die allgemeinen Normen, innerhalb deren die menschliche Individualität ihren staats-bürgerlichen Character gewinnt, innerhalb deren ihr aber auch die volle Freiheit, deren sie bedarf, gewahrt bleiben soll.

Stagiriten als Empiriker ein ganz anderer Ton angeschlagen: „Wenn man sagt," lehrt er bei seiner Critik des socratisch-epicharmischen Satzes οὐδεὶς ἑκὼν πονηρός, οὐδ' ἄκων μάκαρ, „dass Keiner freiwillig böse und Keiner gegen seinen Willen glückselig ist, so scheint dies von der einen Seite falsch, von der anderen wahr zu sein: denn Keiner ist unfreiwillig glückselig, die Schlechtheit aber ist etwas Freiwilliges, oder man muss den Menschen nicht als das wirksame Princip und den Erzeuger seiner Handlungen betrachten. Wenn dies aber so erscheint, und wir die Handlungen nicht auf andere wirksame Principien als auf die in unsrer Willensbestimmung liegenden zurückzuführen haben, dasjenige, wovon auch die wirksamen Principien in uns selbst liegen, so ist dieses etwas von uns selbst Abhängiges und Freiwilliges[1]):" er beruft sich sodann mit Recht auf die allgemein sittliche Erfahrung als ein Zeugniss von dieser Wahrheit und auf das Handeln der Gesetzgeber, die, indem sie das Böse bestrafen, voraussetzen, dass es von einem freien Handeln ausgeht, und so wird er dazu geführt, auch in der Unwissenheit eine Verschuldung zu erkennen. Wohl streift auch er nach Oben hin gar oft an den Gedankenkreis seines grossen Vorgängers, doch wahrt er sich insoweit eine selbständige Stellung als er die Ideenlehre aufgibt und sich ernstlich bemüht, die Menschennatur, ihre Anlage und Bestimmung näher ins Auge zu fassen; unter allen griechischen Philosophen ist er zuerst näher an die Lösung dieses Problems herangetreten, er betonte wohl am Meisten, was vorsätzlich, also mit Bewusstsein des Zweckes geschieht sowie das, was mit dem Bewusstsein der Erreichbarkeit des Erstrebten verbunden ist, dem also ein eigentliches Wollen zu Grunde liegt.

Vor Allem verschafft sich, wie gesagt, Aristoteles ein klares Verständniss des Sittlichen als einer vom Menschen ausgehenden, in dessen Wesen gegründeten Bewegung, die Tugend ist ihm vor Allem Sache des Willens, des der Vernunft sich

---

[1] Eth. Nic. III c. 5.

unterordnenden Begehrens, und so verwirft er denn auch jene
Ansicht, nach welcher das blosse richtige Wissen für die sittliche Ausbildung genügen und alle verkehrte Tätigkeit nur
eine Folge der Unwissenheit sein solle. „Viele, sagt er, flüchten
zu dem Wissen der Vernunft und meinen durch Philosophiren
tugendhaft werden zu können, indem sie es wie die Kranken
machen, die den Arzt zwar sorgsam anhören, aber von seinen
Anordnungen Nichts befolgen. So wie nun Diese bei solchem
Verhalten körperlich sich nicht wohl befinden werden, so wird
es bei Jenen für ihre Seele der Fall sein mit solchem Philosophiren[1].“ Es muss, um den Begriff des sittlichen Handelns
zu gewinnen, in erster Linie die Tatsache festgehalten werden,
dass es bei der Beurteilung des Tuns nicht auf die Tat als
solche, sondern auf die Art und Weise der Ausführung ankommt,
dass also die Sittlichkeit in der Seele ihren Sitz hat[2].

Wenn Plato bei seinem ausgesprochenen Determinismus
dazu geführt wird, den wahren Begriff der sittlichen Freiheit
zu schmälern, indem er in allem Bösen lediglich ein Handeln
in Unfreiheit erblickt, wird Aristoteles, von seinem empirischpractischen Moralprincip geleitet, um so mehr dem Freiheitsbegriffe gerecht als ihm Tugend und Laster eben nicht ἄνευ
προαιρέσεως sind[3]): Wer tugendhaft handelt, muss vor Allem
freiwillig handeln d. h. wissend und nicht gezwungen und
sodann vorsätzlich und mit Ueberlegung; sowohl Tugend als
Laster entspringt aus Freiheit, und nur desswegen wird die
erste gelobt und das andre getadelt; Freiheit ist aber nur da,
wo der Grund des Entschlusses und der Handlung in dem
Handelnden selbst liegt; durch die Vorstellung des Angenehmen

---

[1] Eth. Nic. II c. 4. 6; vgl. VI. c. 13, 3 6.
[2] Eth. Nic. II c. 4. 3: τὰ δὲ κατὰ τὰς ἀρετὰς γινόμενα οὐκ ἐὰν αὐτὰ
πως ἔχῃ δικαίως ἢ σωφρόνως πράττεται ἀλλὰ καὶ ἐὰν ὁ πράττων πως ἔχων πράττῃ,
πρῶτον μὲν ἐὰν εἰδώς, ἔπειτ ἐὰν προαιρούμενος καὶ ..... Δίκαιος δὲ καὶ σώφρων
ἐστὶν οὐχ ὁ ταῦτα πράττων ἀλλὰ καὶ ὁ οὕτω πράττων ὡς οἱ δίκαιοι καὶ οἱ
σώφρονες πράττουσιν.
[3] Nic. Eth. III. C. 5. 2: Ἐφ᾿ ἡμῖν δὲ καὶ ἡ ἀρετή, ὁμοίως δὲ καὶ
ἡ κακία.

und Guten wird man ebensowenig genötigt, etwas zu wollen und zu tun als durch die Vorstellung des Unangenehmen und Bösen, es zu fliehn und zu unterlassen; die Glückseligkeit ist uns als letztes Ziel vorgesteckt, doch hängt dieser Zweck nicht von uns selbst ab, wohl aber steht die Wahl der Mittel dazu und unser Character grösstenteils in unsrer eigenen Macht[1]).

Die Frage nach der Freiheit des menschlichen Willens ist zwar wesentlich eine ethische und unter den Gründen dafür und dagegen ist der von der sittlichen Zurechnungsfähigkeit genommene es besonders, welchen Aristoteles zumeist betont hat, aber die Entscheidung liegt doch mehr noch als in der Ethik in der Metaphysik und Psychologie, wie wir dies bereits bei Plato wahrgenommen haben: der Untersuchung gerade dieser für den Griechen[2]) höchst schwierigen Frage hat er einen grossen Teil des dritten Buches seiner Nicomachischen Ethik gewidmet, nur ist es im höchsten Grade zu bedauern, dass er bei dem Ergebniss stehn geblieben ist, dass jede Handlung des Menschen eine freie sei, bei welcher der Anfang in dem Handelnden selbst liege: es frägt sich nämlich nur, ob ein solcher Anfang in dem handelnden Menschen wirklich enthalten ist, und ob er nicht vielmehr dem stärksten der auf ihn in jedem Einzelfalle einwirkenden Motive mit derselben Notwendigkeit folgt, wie sie überhaupt zwischen Ursache und Wirkung besteht.

Die Bedingungen der Freiwilligkeit liegen nach den Ausführungen des Aristoteles einerseits in der Möglichkeit, von sich aus die Handlung zu verursachen, andrerseits wohl auch in einer bestimmten Erkenntniss, in der Ueberlegung (Nic.

---

[1]) Barth. St. Hilaire „Morale d'Aristote", sonst nicht besonders unserm Philosophen gewogen, verweigert ihm nicht seinen Beifall „sentiments rares dans l'antiquité et d'autant plus remarquables. Le disciple, on doit dire à son éloge, a sur ce point surpassé et complété le maître".

[2]) „Angesichts des naiven Sicheinsfühlens der griech. Ethik mit der Natur, der eigenen wie der fremden, das Ich umgebenden Natur und ihren Gesetzen und Antrieben verliert auch die Frage nach der Willensfreiheit für sie ihren Wert." Ziegler a. a. O.

Eth. III, 3, 19 .... ἡ προαίρεσις ἂν εἴη βουλευτικὴ ὄρεξις τῶν ἐφ' ἡμῖν · ἐκ τοῦ βουλεύσασθαι γὰρ κρίναντες ὀρεγόμεθα κατὰ τὴν βούλευσιν). Den Gegnern gegenüber, welche wohl eine Freiheit bei der Tugend anerkennen, nicht aber beim Laster, sieht er sich zum Bekenntniss gezwungen: „wenn das Schlechthandeln wegen der Unfreiheit des Zieles nicht frei ist, so ist letzteres auch bei der Tugend nicht frei; denn das dem Menschen erscheinende Ziel ist für beide Fälle durch die Natur bestimmt, und alles Handeln geschieht nur in Beziehung auf das Ziel;" im letzten Grund stützt er so seine Behauptung von der Freiheit des guten und schlechten Handelns nur auf eine Inconsequenz der Gegner: für ihn ist es ein wesentliches Erforderniss, dass eine jede Handlung, die einer sittlichen Beurteilung unterliegen soll, freiwillig geschehe. Die Ansicht nun, dass die Freiheit ein Handeln ist, dessen Anfang in dem Handelnden selbst liegt, begegnet uns auch bei Origenes, der den Freiheitsbegriff dadurch zu erklären sucht, dass er behauptet, in der Reihe der Ursachen, die zur Tat führen, ist der Wille des Handelnden mitenthalten, ohne dass auch er weiter die Frage aufwirft, ob dieses primordiale Wollen selbst als ein freies angesehn werden kann oder in der auf der Notwendigkeit beruhenden Reihe ein einzelnes Glied bildet. Wie sehr Aristoteles es betont, dass auch das Böse zu wählen in der freien Macht des Menschen stehe, zeigt am deutlichsten folgender Vergleich: „So wie, wenn Einer einen Stein hingeworfen hat, es ihm nicht möglich ist, ihn wieder zurückzunehmen; doch stand es in seiner Gewalt ihn zu werfen, denn der Anfang war in seiner Gewalt, geradeso stand es ursprünglich beim Ungerechten und Zuchtlosen, dies nicht zu werden, und desswegen sind sie es freiwillig, nachdem sie es einmal geworden, ist es nicht mehr in ihrer Gewalt, es nicht zu sein" (Eth. Nic. III, 5, 4). Hierbei hat er es aber unterlassen, die Möglichkeit einer solchen Freiheit weiter als mit der einfachen Berufung auf die Erfahrung zu beweisen, viele Seiten dieser Frage erschöpft er nicht und manche weitere Bedenken zieht er gar nicht in Erwägung; übrigens sind die

Schwierigkeiten dieses Problems erst eigentlich von den Stoikern bemerkt worden und sie zu heben hat sich erst die christliche Wissenschaft zur Aufgabe gesetzt. Dadurch aber, dass Aristoteles nur eine empirische Erklärung der Tugend gab, wobei die aus sittlichen Principien zu begründende Moral in eine höhere Klugheitslehre verwandelt wurde, verlor er den wahren Character des Bösen als sittlicher Verkehrtheit, welche gleichwohl aus den Prämissen seiner Freiheitslehre richtig folgte, mehr und mehr aus dem Auge [1]: endlich ging ihm auch das tiefere Bewusstsein der Persönlichkeit ab, wie er denn auf dieselbe Weise wie Plato die Politik im engeren Sinne als die notwendige Ergänzung der Moral betrachtete [2]: der Mensch als ζῷον πολιτικόν könne erst im Staat ein ganzer und voller Mensch werden; Staat, Gesetz und Gesetzgeber regelten sein Tun und Handeln, sie seien die ethischen Mächte, in deren Sphäre der Einzelne die Erziehung zur Tugend und jene der besten Tugend gemässe Tätigkeit der Seele als Glückseligkeit fände.

Fragen wir nun auf Grund der angestellten Betrachtung nach einem Zusammenhang zwischen der Freiheitslehre, wie wir sie bei Origenes vorgefunden haben, und der Aristotelischen Ethik, so müssen wir allerdings sagen, dass ein solcher unverkennbar sich uns darbietet. Wir sehn, dass Aristoteles mit seinen gesunden ethischen Betrachtungen den indeterministischen Standpunct einnimmt, welcher der Origenischen Auffassung von der moralischen Freiheit eigentümlich ist; es wird hier das sittliche Handeln des von jeder äusseren Causalität unabhängigen Willens in der ethischen Sphäre laut bekannt, jedoch vermissen wir hier alle jene cosmologischen und teleologischen Speculationen, die sich in des Alexandriners System als Ausfluss

---

[1] Eth. Nic. II. 6 Anf.: ἔστιν ἄρα ἡ ἀρετὴ ἕξις προαιρετική ἐν μεσότητι οὖσα τῇ πρὸς ἡμᾶς ὡρισμένῃ, λόγῳ καὶ ὡς ἂν ὁ φρόνιμος ὁρίσειεν.

[2] Polit. III, 6, 1278. b: φύσει μὲν ἐστιν ἄνθρωπος ζῷον πολιτικόν, διὸ καὶ μηδὲν δεόμενοι τῆς παρ' ἀλλήλων βοηθείας οὐκ ἔλαττον ὀρέγονται τοῦ συζῆν.

der sich betätigenden Freiheit ergeben haben[1]). Die Autonomie des Menschen als des alleinigen Herrn seiner Handlungen wird, ohne dass gerade die Notwendigkeit der Motive und ihr Einfluss auf den Willensact geleugnet wird, in „der Nicomachischen Ethik" des Aristoteles wie in „den Grundlehren" des Origenes frei proclamirt. Wir möchten jedoch nicht dahin verstanden werden, als ob nach unserm Dafürhalten der Letztere seine Freiheitslehre zum Teil aus der angeführten Ethik des Ersteren entlehnt habe, und als ob diese seinem ganzen System zu Grunde liegende Doctrin lediglich Eigentum der peripatetischen Philosophie und nicht auch ein freies, wenn auch aus fremdem Boden stammendes Erzeugniss des christlichen Geistes sein könnte, wir glauben nur eine Analogie im Grossen und Ganzen in den Lehrweisen beider Männer, eine homologe Begriffsbestimmung in diesem Puncte constatiren zu können.

Von Aristoteles ab nimmt die griechische Ethik, die vorher in engster Verbindung mit der Politik gestanden hatte, cosmopolitischen Character an, der particularistische Standpunct der alten Welt wird verlassen, der Mensch der nacharistotelischen Philosophie ist ein Weltbürger geworden, der sich mit der ganzen Menschheit verbunden fühlt. Daher tragen die Doctrinen dieser Epoche die grösste politische Indifferenz als Signatur an sich: zum ersten Mal begriff man jetzt, dass der Mensch von Natur dem Menschen weder als ein Fremder noch als ein Feind gegenüberstehe, und dass es über allen nationalen Gesetzen ein göttliches und universales Gesetz gäbe, dass über allen künstlichen Gesellschaften die unsterbliche Gesellschaft der vernünftigen Wesen stehe. Diese ganze Richtung nun wurde angebahnt und weitergeführt von der Stoa, zumal seitdem Cleanthes der Zweckmässigkeit der Welt nachgespürt und der Untersuchung über die sittlichen Aufgaben des Individuums

---

[1]) So gab Arist. manche Lehren seines Vorgängers als unhaltbar auf, die Seelenwanderung galt ihm als Fabel, er verwarf die Lehre von der Präexistenz der Seelen und die Unsterblichkeitslehre erschien ihm in der platonischen Form zweifelhaft.

seine besondere Aufmerksamkeit geschenkt hatte. Je weniger Spielraum und Bedeutung den Stoikern die practische Vernunft in der Aristotelischen Fassung haben konnte, um so grösseres Gewicht wird auf die Ethik gelegt, welcher sie bei ihrer Untersuchung über die Gliederung der Philosophie den Primat unbedingt zusprechen; die Ethik bildet bei ihnen das Centrum alles Philosophirens, sie war bestimmend auch für ihre metaphysischen Aufstellungen[1]).

Da in ihrem System das ethische Element durchgängig mit der Physik in innigster Verbindung steht, so drängt sich uns hier an der Schwelle unsrer Untersuchung zuvörderst die Frage auf, wie sich die Stoa das Verhältniss Gottes zur Welt gedacht hat. Zwischen Gott und der Welt, so erfahren wir, besteht kein Wesensunterschied[2]), der oberste Gott ist die Alles durchdringende Vernunft, von welcher alles Leben ausgeht und in die es wieder zurückfliesst[3]). Dieser pantheistische Standpunct wird von der Idee einer Ordnung des Ganzen, welcher sich Alles fügen muss, einer Beziehung also des Einzelnen auf das Ganze beherrscht[4]). Je nachdrücklicher aber

---

[1]) Da die zahlreichen Schriften des Zeno, Cleanthes und Chrysippus sämmtlich bis auf einzelne Bruchstücke verloren gegangen sind, so müssen wir für die Philosophie der Stoa auf Originalquellen verzichten und die stoische Lehre aus secundären Quellen als Ganzes darstellen. Eine treffliche Darstellung des ganzen Systems gibt uns Diogenes Laërtius, der im 7. Buch seiner vitae Lehre und Leben der Stoiker behandelt, sodann Plutarch, der in seiner Schrift „de stoicorum repugnantiis" die Ungereimtheiten und Verirrungen der stoischen Secte unter Anführung vieler Stellen aus stoischen Schriften in ihrer Blösse darstellt.

[2]) Diog. Laërt. (Hübnersche Ausgabe 1831) VII. c. LXXIII: Οὐσίαν δὲ θεοῦ Ζήνων μέν φησι τὸν ὅλον κόσμον καὶ τὸν οὐρανόν cf. Origenes c. Cels. V. 7: σαφῶς δὴ τὸν ὅλον κόσμον λέγουσιν εἶναι θεὸν Στωϊκοὶ μὲν τὸ πρῶτον.

[3]) Plut. „De stoic. rep." (Weidmann'sche Ausgabe) 1052 C: ἐν δὲ τῷ πρώτῳ περὶ προνοίας τὸν Δία φησὶν αὔξεσθαι μέχρις ἂν εἰς αὐτὸν ἅπαντα καταναλώσῃ.

[4]) Diog. Laërt. VII c. 53: ὅπερ δ' ἴσον τὸ κατ' ἀρετὴν ζῆν τῷ κατ' ἐμπειρίαν τῶν φύσει συμβαινόντων ζῆν ὥς φησι Χρύσιππος ἐν τῷ πρώτῳ περὶ τελῶν · μέρη γάρ εἰσιν αἱ ἡμέτεραι φύσεις τῆς τοῦ ὅλου.

der Stoicismus die Vollkommenheit des Universums betonte, desto schwerer wurde es ihm, diese Harmonie mit den mancherlei Uebeln dieser Welt zu vereinigen, und eben dadurch, dass er diesen Fragen seine besondere Aufmerksamkeit schenkte und die hier in die Augen springende Antinomie zu lösen suchte, hat er den von Plato angebahnten Begriff einer Theodicee weiter geführt.

Die Unvollkommenheit des Einzelnen ist, wie Oben schon angedeutet, zur Vollkommenheit des Ganzen notwendig; die physischen Uebel sind als von der Natur geordnet die notwendige Folge zweckmässiger Einrichtung; für die moralischen Uebel ist der Mensch nichts weniger als verantwortlich, ist doch das Böse der göttlichen Vorsehung gemäss und nimmt es doch im Gesetze der Welt seine Stelle ein: „wie Alles in der Welt κατὰ τὸν ἄριστον γόνον eingerichtet ist, so ist in dieser Beziehung selbst die Ordnung des Bösen nicht zu tadeln, unmöglich hat es ganz ausgeschlossen werden können; denn wäre das Böse nicht, so wäre auch das Gute nicht d. h. es würde nicht erkannt werden"[1]. Durch ihre paradoxe Behauptung ferner, dass alles Böse gleich sei[2], verkannten die Stoiker völlig den inneren sittlichen Gehalt der menschlichen Handlungen, das Böse involvirte lediglich einen Abfall von der richtigen Vernunfttätigkeit[3], nicht aber einen von Gott. Die menschliche Vernunft ist nicht verschieden von der Weltvernunft und so ist die menschliche Natur nur ein Teil, eine Erscheinungsform der grossen, allgemeinen Natur und was jener gemäss ist, ist darum auch naturgemäss im weiteren Sinne.

---

[1] Plut. de stoic. rep. 1050 F: γίνεται μὲν γάρ αὐτή πως (ἡ κακία) κατὰ τὸν τῆς φύσεως λόγον (καὶ ἵν οὕτως εἴπω) οὐκ ἀχρήστως γίνεται πρὸς τὰ ὅλα.

[2] Diog. Laërt. VII C. 64: εἰ γάρ ἀληθὲς ἀληθοῦς μᾶλλον οὐκ ἔστιν οὐδὲ ψεῦδος ψεύδους · οὕτως οὐδ' ἀπάτη ἀπάτης · οὐδ' ἁμάρτημα ἁμαρτήματος · καὶ γάρ ὁ ἑκατὸν σταδίους ἀπέχων Κανώβου . . . . . οὕτω καὶ ὁ πλεῖον καὶ ὁ ἔλαττον ἁμαρτάνων ἐπίσης οὐκ εἰσιν ἐν τῷ κατορθοῦν.

[3] Cicero quaest. tusc. IV, 7, 9: omnium perturbationum fontem esse dicunt intemperantiam quae est a tota mente et a recta ratione defectio, sic aversa a praescriptione rationis, ut nullo modo appetitione animi nec regi nec contineri queant.

Die Hauptforderung nun, die die Stoa in ihrer Moral an den Menschen stellt, gipfelt in dem bekannten Satze „man solle, um seiner sittlichen Aufgabe zu genügen, der Natur gemäss leben". Dies zu tun vermag aber nur der Weise, der allein absolut ἀπαθής ist d. h. ohne Affecte, welche das Glück des Menschen schädigen; in dieser idealisirten Gestalt erst ist der sittliche Mensch, wie er sein soll, verkörpert[1]), allein diese Idealisirung erhält bereits ein Correctiv dadurch, dass alle Objectivität des Sittlichen wegfällt und dass die Stoa selbst nicht an dieses excentrische Ideal glaubt, was schon daraus hervorgeht, dass sie annimmt, dieser Weisen gäbe es nur eine geringe Zahl oder gar keinen, die grosse Masse der Menschen seien Toren[2]). Das Unfruchtbare dieser ganzen Lehre zeigt sich eben darin, dass, indem hier ein Ziel erstrebt wird, welches nur der practische Geist aufsucht, es an jeder Kundgebung des Willens nach Aussen fehlt, was doch als die erste Voraussetzung für eine Sittenlehre gilt.

Sehn wir nun weiter, wie sich der Stoicismus die Auffassung von einer freien Betätigung des Individuums schlechthin zurechtlegte: gerade auf diesen Punct musste er um so eher eingehn, als er sich des Vorwurfs zu erwehren hatte, dass nach seiner Lehre von der zum Naturgesetz erstarrten Gottheit alle freie Betätigung annullirt werde. Es ist ihm nicht gelungen, zwischen dem bei ihm unvermeidlichen Determinismus und der Freiwilligkeit unsrer Handlungen einen Ausgleich zu finden; bei vielen seiner Lehren wird vorausgesetzt, dass der Mensch das Vermögen der Entscheidung besitze und zwar nicht nur im Guten, sondern auch im Bösen: suchen wir aber nach ausdrücklichen Erklärungen über die menschliche Freiheit, über ihre Natur und Verhältniss zum Schicksal, so finden

---

[1]) Plut. de stoic. rep. 1038 e; Diog. Laërt. Zeno C. 61: ἀγαθοῦ γὰρ τὴν ἐλευθερίαν ἔχουσιν αὐτοπραγίας, τὴν δὲ δούλειαν στέρησιν αὐτοπραγίας.

[2]) πᾶς ἄφρων μαίνεται: mit dem Hinweis auf die fast allgemeine Torheit und Sündhaftigkeit der Menschen sind die Stoiker Vorläufer der christl. Lehre geworden.

wir gar wenig in den uns übrig gebliebenen Schriften, die meisten Stellen beziehen sich darauf, dass der Lasterhafte unfrei ist, insofern er das Böse unter der Vorstellung des Guten will und also etwas Anderes will als er begehrt und empfängt, daher im Irrtum befangen ist und in Leidenschaften gestürzt wird, wodurch die Vernunft, das Freie im Menschen, zur Sclavin wird. Wohl ist von den Stoikern gar vielfach der Versuch gemacht worden, den Menschen mit einem freien Willen in die Notwendigkeit einzureihen und in ihr gleichsam vorzusehn — so finden wir in Chrysipp's Schrift „über das Verhängniss" neben der Lehre, dass Alles unter einem blinden Verhängniss stehe, auch den Satz, dass Vieles aus unserm Willen geschehe, doch ist auch dies durch die Ordnung des All's (τῇ τῶν ὅλων διοικήσει) mitbestimmt, was er im Weiteren an Beispielen nachzuweisen sucht[1] — alle Erklärungen aber kommen schliesslich darauf hinaus, dass dem Menschen, wenn in ihm auch die eine Alles bestimmende Gewalt seiner individuellen Natur gemäss wirke, seine Handlungen durch den Zusammenhang der Dinge vorgezeichnet seien.

Aus dieser ganzen Auseinandersetzung geht deutlich hervor, dass die Stoa wohl die Freiheit des menschlichen Willens als unerlässliche Voraussetzung der sittlichen Tätigkeit begreift, dass aber ihr naturalistischer Determinismus jedwede Freiheit in seinen Folgen ausschliesst; ferner war das gerade eine der törichsten von ihren Lehren, dass man nur entweder gut oder böse sein könne, dass es also höhere und niedere Stufen der Sittlichkeit nicht gebe, und wenn sie auch weit davon entfernt ist, mit Plato die Freiheit aus der materiellen Welt in die Region des Intelligibeln zu flüchten, und sich mit Aristoteles damit zu begnügen, zwischen dem Gebiet des Notwendigen und dem der dem Willen zukommenden Freiheit eine sichere Demarcationslinie zu ziehen, so ist sie trotz der Aufstellung des Pflichtbegriffs in der Ethik — und wie sonderbar

---

[1] περὶ εἱμαρμένης lib. II; Diog. Laërt. VII c. 19.

nimmt sich der Imperativ der Pflicht in einem pantheistischen System aus! — nicht über den Widerspruch zwischen pantheistischer Notwendigkeit und sittlicher Zurechnung hinausgekommen: dem Menschen, auch dem der Mittelclasse (προκόπτων) angehörigen, bleibt nichts Anders übrig als, statt sich als lebendiges Glied eines sittlichen Organismus zu wissen, sich einer Abhängigkeit bewusst zu werden, zu welcher das sittliche Subject sich nur passiv verhalten kann[1]).

Nach dieser Feststellung des ethischen Freiheitsbegriffs in der stoischen Schule wollen wir jetzt untersuchen, ob mit Heranziehung analoger Puncte und Ausführungen bei Origenes sich eine Möglichkeit der Annahme darbietet, dass dieses oder jenes Element aus der stoischen Philosophie in seiner Freiheitsdoctrin Verwendung gefunden hat. In der Tat begegnen uns in seinen cosmologischen und teleologischen Voraussetzungen, die von seiner Freiheitslehre wesentlich bedingt sind, wiederholt stoische Begriffe und Anschauungen, von denen wir hier nur die wichtigsten hervorheben wollen: die Lehre von den σπερματικοὶ λόγοι z. B., mit welcher Origenes die Auferstehung beweisen will, stammt unzweifelhaft aus der Stoa; der Ausspruch ferner „inest ea ratio quae continet substantiam corporalem" entspricht durchaus der stoischen Formel ὁ λόγος ὃς συνέχει τὴν σωματικὴν οὐσίαν; weitere Anklänge an stoische Sätze finden wir in seiner Lehre von der ἐκπύρωσις und ganz besonders in der von der ewigen Succession endlicher Welten. Was den letzteren Punct betrifft, so ist wohl zu beachten, dass bei Origenes diese Serie von Weltperioden nicht wie bei der Stoa

---

[1]) Es dürfte von besonderem Interesse sein an dieser Stelle die Männer kennen zu lernen, die im Interesse der Wahlfreiheit den stoischen Fatalismus zu widerlegen sich zur Aufgabe setzten: in erster Linie ist zu nennen Epicur, der noch entschiedener als Aristoteles die Willensfreiheit betonte, jedoch für die eth. Anschauungen der Menschheit kaum Erspriessliches geleistet hat: ebensowenig Positives hat ein weiterer Verfechter der Willensfreiheit geleistet, Carneades, der Stifter der dritten Academie, auf welchen Cicero in seiner Schrift „de fato" einfach recurrirt, die mor. Freiheit als innere Tatsache voraussetzend.

als ein Product physischer Notwendigkeit, sondern als das Ergebniss moralischer von einem höchsten Wesen freigewollten Zwecke gedacht wird. Zur Erklärung des Weltendes bedient sich Origenes der abstrusesten Theorieen der stoischen Physik, und ebenso merkt man, dass er mit den subtilsten Particen ihrer Ethik vertraut ist. Ein offenkundiges Zurückgehn auf den Stoicismus ergibt sich uns ferner bei seiner Begriffsbestimmung des Bösen als einer Verneinung (στέρησις τοῦ ὄντος).

Fragt man aber, ob speciell im Freiheitsbegriff der hier verglichenen Systeme sich Momente auffinden lassen, welche auf ein Abhängigkeitsverhältniss deuten, so müssen wir dies geradezu verneinen. Zwar haben wir gesehn, dass die stoische Ethik es sich gelegentlich angelegen sein lässt, die Freiwilligkeit der Handlung zu betonen, doch die grosse Idee einer letzten Einheit zwischen derselben und der blinden Gewalt wirkender Ursachen wird leichter im Allgemeinen gefasst als im Besonderen vollzogen. Der naturalistische Pantheismus der Stoa konnte bei seinem deterministischen Gepräge für die Freiheitslehre eines Origenes gerade so viel wie Nichts abliefern und einen Zusammenhang zwischen dieser letzteren und der stoischen Ethik herstellen zu wollen, wäre ein vermessenes und fruchtloses Unternehmen.

Als letztes Glied möchten wir in die Reihe der hier in Betracht kommenden Moralsysteme noch einordnen das jüngste und tief in die erste christliche Epoche hineinreichende Erzeugniss der hellenischen Philosophie, den Neuplatonismus, dessen Hauptbestreben besonders darauf gerichtet war, die Differenzen der vor- und nachplatonischen Richtungen, welche er als geschlossene Abhandlungen vor Augen hatte, in einer Schlussverhandlung auszugleichen, ein Kunstproduct philosophischer Combination, das dem kräftig vordringenden christlichen Geist und Leben nachdrucksvoll zur Seite gestellt werden sollte. Es möchte vielleicht überflüssig erscheinen, in unsrer Untersuchung auch diesen Complex bereits im Einzelnen behandelter Lehrstücke noch weiter zu besprechen, wobei der

Gefahr unnötiger Wiederholungen angesichts des eclectischen und syncretistischen Characters dieses Endgliedes am Cyclus der alten, ethischen Systeme schlechterdings nicht auszuweichen wäre. Dagegen spräche ferner noch der Umstand, dass ja erst lange nach Origenes diese Schule ein eigenes System geschaffen hat und so von einem Zusammenhang der Origenischen Freiheitslehre als dem Früheren mit der neuplatonischen Ethik kaum die Rede sein könnte. Dem ist aber zu entgegnen, dass, wenn der Neuplatonismus auch die Resultate früherer Systeme in sich aufgenommen und nach seiner Weise verarbeitet hat, durch ihn nichtsdestoweniger eine neue Gestaltung der griechischen Philosophie ins Leben gerufen worden, mindestens ein selbständiger Versuch gemacht worden ist, die mannigfaltigen Momente ihrer bisherigen Entwicklung in einer höheren Einheit zusammenzufassen, und zum Zweiten ist noch darauf aufmerksam zu machen, dass es uns hier nicht um die Erörterung der ausgebildeten Schule zu tun ist, dass wir uns vielmehr damit abfinden müssen, nur die ersten Ansätze derselben, wie sie die christlichen Kirchenlehrer des dritten Jahrhunderts vorfanden, zu berücksichtigen.

Es lässt sich kaum mit einiger Bestimmtheit ermitteln, ob und wie weit Ammonius Saccas als Stifter der neuplatonischen Schule anzusehn ist, indess so viel ist gewiss, dass er ein ausgebildetes System nicht gehabt hat: erst in den Schriften des Plotin, seines Schülers[1], liegt uns die erste und wohl auch die beste Urkunde zur Kenntniss dieser Schule vor, und so werden wir denn im Folgenden noch dessen ethische Anschauungen zu streifen haben.

Das plotinische System wird mit Recht als Neuplatonismus bezeichnet, sofern der Platonismus darin Anfang, Mittel und Ende ist, doch schliesst die unbedingte Abhängigkeit von Plato ein in verschiedenem Grade nahes Verhältniss zu anderen Philosophen nicht sowohl aus als ein. Die Uebereinstimmung,

---

[1] Nach seinem Tode von Porphyrius in den sog. 6 Enneaden zusammengestellt.

in der nämlich Plotin die späteren Philosophen mit Plato erblickt, wird für ihn ein Grund auch auf sie seine Anerkennung zu übertragen. nur die Stoiker behandelt er mit einer gewissen Kühle und Verachtung, weil sie sich eines offenbaren Abfalls von der durch Plato und Aristoteles gemeinsam erreichten Höhe schuldig gemacht haben sollen, was ihn aber nicht hindert, sie für seine Naturbetrachtung und Sittenlehre als Führer zu nehmen[1]).

Gott und Welt sind wie bei der Stoa auch hier nicht geschieden: Plotin kennt nur ein Object seiner mystischen Speculation und das ist das Universum, dem Alles angehört, das Intelligible wie das Sittliche, das Absolute wie das Endliche: Alles ist vom Höchsten bis zum Niedrigsten eine mit unbedingter Notwendigkeit fortgehende Entwicklung[2]). So ist denn auch die Vorsehung, deren Verteidigung unser Philosoph, neben manchen beiläufigen Aeusserungen, eine ganze Schrift gewidmet hat, nicht ein Vorhersehen oder ein Handeln aus Absicht, sondern alle Wirkung der übersinnlichen Mächte auf die Sinnenwelt erfolgt vermöge einfacher Naturnotwendigkeit[3]). Bei der Vorsehung will er an eine Fürsorge der Götter für das Einzelne der menschlichen Dinge gar nicht gedacht wissen: denn man könne ihnen unmöglich zumuten, dass sie aus der ihnen eigentümlichen Tätigkeit heraustreten und sich mit dem Geringeren beschäftigen. Auf die Frage, wie sich die Freiheit mit der Vorsehung oder dem Weltzusammenhang vereinbaren lässt, antwortet er nur in allgemeinen Ausdrücken: die Tugend ist frei, aber ihre Werke sind in den Zusammenhang des Ganzen mitverflochten[4]).

---

[1]) Zeller „die Philos. der Griechen" III. 2 pg. 448: „Noch stärker kommt das stoische, wie bereits gezeigt wurde, in der Physik zum Vorschein: die teleologische Weltbetrachtung und der Vorsehungsglaube des Neuplatonismus trägt das entschiedenste Gepräge des Stoicismus" u. s. w.

[2]) Ennead. I, 8, 6 (citirt nach d. Ausgabe v. Fr. Müller 1878) ἐπιζητοῦσιν δὲ καὶ πῶς λέγεται μὴ ἂν ἀπολέσθαι τὰ κακά. ἀλλ' εἶναι ἐξ ἀνάγκης .... τὰ γὰρ κακὰ εἶναι ἀνάγκη, ἐπείπερ τοὐναντίον τε δεῖ εἶναι τῷ ἀγαθῷ.

[3]) Cf. Richter „Neuplatonische Studien" III, pg. 110.

[4]) Enn. IV, 4, 39: Εἰ δὴ ταῦτα ὀρθῶς λέγεται λύοντο ἂν ἤδη, αἱ ἀπορίαι ἥ τε πρὸς τὸ κακὸν ὅσον παρὰ θεῶν γίνεσθαι τῷ μήτε προαιρέσεις εἶναι τὰς ποιούσας

Der Mensch ist ein Abbild der Welt und des Universums, ist Mikrokosmus, in ihm ist von Anfang an Göttliches und Materielles vereinigt: als vernünftiges Wesen participirt er an der Gottheit, durch seinen Leib ist er ein Teil der Natur und behaftet mit der Körperlichkeit, der Materie, die als das Nichtseiende und schlechthin Mangelhafte zugleich auch das schlechthin Böse ist, das Alles, was mit ihr in Berührung kommt, böse macht. Der Mensch besitzt allerdings die Kraft, das Sittlichböse zu überwinden, das Gute zu wollen und zu tun oder Freiheit „so oft die Seele nur von äusseren Gegenständen bestimmt und aus blindem Antriebe etwas tut, so kann man eine solche Handlung und Gemütsbestimmung nicht frei nennen .... wenn sie aber die reine und leidenschaftslose Vernunft zur Leiterin hat, so wirkt sie selbständig und frei. Nur solche Handlungen, die nicht anderswoher, sondern aus der reinen, vom obersten (göttl.) Princip ausgehenden, nicht durch Unwissenheit irregeleiteten, nicht durch Gewalt der Begierden überwundenen Seele kommen, sind unser Werk" (Plot. Enn. III, 2, 9). Hieraus ergibt sich zur Evidenz, dass der Neuplatonismus die Freiheit nicht in der Spontaneität, nicht im Vermögen der Wahl, sondern in der Fähigkeit, unter der Leitung der Vernunft, ohne Leidenschaft, nach richtigen und religiösen Grundsätzen zu handeln, suchte. Die Tugend aber, welche die Aufgabe übernimmt, den Menschen von der Sinnlichkeit loszumachen, vom Körperlichen abzukehren, besteht darin, dass alle Kräfte der Seele ihre Bestimmung erfüllen und miteinander harmoniren; sie ist zwar, wie Plato gesagt hat, Aehnlichkeit mit Gott, aber in Gott ist keine Tugend, sondern das Muster, dem wir durch Tugend nachstreben sollen; Gott ist das Princip unsrer Tugend, die nur eine schwache Nachbildung einer göttlichen Idee ist. Bei allen diesen Auseinandersetzungen zeigt uns Plotin nur die negative Seite des Sittlichen, das höchste Gut, die Glückseligkeit ist ein theoretischer Act, ein Schauen, kein

φυσικαῖς δὲ ἀνάγκαις γίνεσθαι ὅσα ἐκεῖθεν ὡς μερῶν πρὸς μέρη καὶ ἑπόμενα ἑνὸς ζωῇ etc. cf. Enn. III, 2, 10—17.

Handeln[1]): der practischen Tugend wird in seiner Lehre nur ein untergeordneter Rang angewiesen: allerdings geht er von der Frage nach der Natur und Bestimmung des Menschen aus, er begeht aber hierbei den Fehler, das Individuelle aus dem Absoluten zu erklären, statt den Menschen selber zu betrachten und die Beschaffenheit seines Geistes zu ergründen.

Auch hier begegnet uns der Widerspruch der platonischen Lehre, dass wohl das Böse selbstverschuldet sei, wobei aber nicht übersehn werden dürfe, dass es unfreiwillig geschehe, indem nur das vernünftige Handeln ein freies sei[2]). Wenn Plotin auch an der Hand des Stoicismus die Begriffe von Freiheit, unter der er abweichend von der ältern Auffassung der anderen griechischen Philosophen die reale versteht, und Notwendigkeit umfassender als Plato erörtert, so geht er doch im Lauf seiner Untersuchungen wieder auf platonische Prämissen zurück, indem er das Problem zu lösen sucht durch Benutzung einer Theorie im Sinne jener Mythen im Phädrus, durch die Annahme einer Seelenpräexistenz und durch die Hypothese eines Geisterfalls[3]). Wie in der antiken Ethik überhaupt, so tritt auch bei ihm jenes egoistisch-particularistische Element hervor, welches die höchste Lebensaufgabe nur als von einem sehr geringen Bruchteil der Menschen erstrebt sieht und die übrigen von der Erreichung eines höheren Ziels gänzlich ausschliesst.

---

[1]) Daher können selbst schöne Taten die Glückseligkeit des Menschen nicht erhöhen. Cf. Enn. I, 5, 10 mit dem Schluss: τὸ δὲ ἐν ταῖς πράξεσι τὸ εὐδαιμονεῖν τίθεσθαι ἐν τοῖς ἔξω τῆς ἀρετῆς καὶ τῆς ψυχῆς ἐστι τιθέντος · ἡ γὰρ ἐνέργεια τῆς ψυχῆς ἐν τῷ φρονῆσαι καὶ ἐν ἑαυτῇ ὧδε ἐνεργῆσαι · καὶ τοῦτο τὸ εὐδαιμόνως.

[2]) Enn. III, 1, 9: λόγον δὲ ὅταν ἡγεμόνα καθαρὸν καὶ ἀπαθῆ τὸν οἰκεῖον ἔχουσα ὁρμὴ ταύτῃ μόνῃ τὴν ὁρμὴν φατέον εἶναι ἐφ' ἡμῖν καὶ ἑκούσιον καὶ τοῦτο εἶναι τὸ ἡμέτερον ἔργον, ὃ μὴ ἄλλοθεν ἦλθεν ἀλλ' ἔνδοθεν ἀπὸ καθαρᾶς τῆς ψυχῆς ἀπ' ἀρχῆς πρώτης ἡγουμένης καὶ κυρίας, ἀλλ' οὐ πλάνῃ ἐξ ἀγνοίας παθούσης κτλ. — Das ganze achte Buch der 6. Enneade handelt über das ἐφ' ἡμῖν, zunächst mit Beziehung auf die Frage, ob den Göttern freier Wille beizulegen sei. Vgl. a. Enn. IV, 8, 5.

[3]) Enn. VI, 4, 14; Enn. III 1, 1 περὶ εἱμαρμένης lib. 2 u. 3 περὶ προνοίας; vgl. VI, 8 περὶ τοῦ ἑκουσίου καὶ θελήματος τοῦ ἑνός.

in Folge dessen jede menschliche Selbstbestimmung und Spontaneität in der Entwicklung des Pantheismus und den Evolutionen des Absoluten vollständig aufgeht.

Im Vergleich zu den früheren Systemen sind wir, wie aus dem eben Ausgeführten zur Genüge erhellt, bei Plotin keinen Schritt weiter gekommen bezüglich der ethischen Auffassung von der Freiheit; wie dort so treffen wir auch hier jenen deterministischen Zug an, der jede freie Willensbetätigung aufhebt, auch hier gibt sich bald die Neigung kund, nur das Gute für frei zu halten, bald aber wieder wird die Freiheit in der Richtung auf das Böse gefunden. Wir glauben mit einigem Recht uns der Mühe überheben zu dürfen, einen ausführlichen Vergleich zwischen der Origenischen Freiheitslehre und den aus unsrer Untersuchung über die neuplatonische Ethik gewonnenen Ergebnissen zu ziehn, einmal können wir uns mit der heute noch vielfach verbreiteten Ansicht schlechterdings nicht vertraut machen, als ob beinahe jede Einzeldisciplin des Origenes in dem Neuplatonismus ihr Pendant aufzuweisen habe, sodann sind die Puncte, die wir hier in den Kreis unserer Betrachtung hereinziehen konnten, bereits gelegentlich der Besprechung der älteren griechischen Systeme, auf die der Neuplatonismus mehr oder weniger recurrirt, hervorgehoben und erörtert worden: so lassen sich die Reflexionen über die intelligible Welt, die belebten mit Freiheit begabten Gestirne, den Abfall der Vernunftwesen u. s. w. mit unwesentlichen Modificationen bald in diesem bald in jenem auffinden, und gerade hierin lassen sich auch Anschliessungspuncte zwischen dem Origenischen und dem stolzen plotinischen Lehrgebäude nachweisen, was sich leicht erklären lässt aus dem syncretistischen Wesen, welches beiden eigen ist.

Wenn man dem Gang der Untersuchung, die diesem zweiten Hauptteile gewidmet wurde, aufmerksam gefolgt ist, so wird man die Wahrnehmung gemacht haben, dass sich durch die griechische Philosophie und Ethik eine zwiefache Ansicht von der Notwendigkeit und der Freiheit in den menschlichen

Dingen hindurchzieht. Nach der einen, welche von Plato stammt, soll die Freiheit ausserzeitlich in einer intelligibeln Tat begriffen werden, die andere dagegen, welche besonders in der Nicomachischen Ethik des Aristoteles zum Ausdruck gelangt, und von den Stoikern zwar in ihrem Wesen erkannt, aber nicht gehörig beachtet und ausgebildet worden ist, geht dahin, dass in dem causalen Zusammenhang des Universums der Mensch durch seine Beistimmung als freies Wesen hingestellt wird. Bald meint man, wenn man eine Vermittlung beider Begriffe erstreben will, eine metaphysische Aufgabe vor sich zu haben, indem der Gegensatz dieser Begriffe in das göttliche Wesen hinein verfolgt wird, bald glaubt man, man stehe vor einem rein ethischen Problem, indem nach dem sittlichen Wesen des menschlichen Willens und Tuns geforscht werden soll[1]).

Der dritte Abschnitt, zu dem wir uns nun wenden, soll die in den Einzeluntersuchungen gewonnenen Ergebnisse zusammenfassen und das Endresultat feststellen.

[1]) Wir sind in diesem Hauptteil jeder Versuchung widerstanden, über die vielen griechischen Secten und kleineren Schulen des Breiten zu räsonniren, und haben uns darauf beschränkt, die drei ethischen Hauptsysteme in groben Umrissen vorzuführen, indem wir uns lediglich die von Anderen festgestellten Resultate aneigneten und hier wiedergaben, ohne uns auf eigentliche Specialuntersuchungen näher einzulassen: zudem beschäftigten uns nur gewisse Seiten der antiken Ethik.

III.

Es erübrigt uns also noch in einem letzten Abschnitt einen kurzen Rückblick zu werfen zunächst auf die mit breiten Strichen von uns gezeichnete Ethik derjenigen griechischen Philosophensysteme, die in der Ausbildung derselben eine eigentümliche Gestaltung aufweisen, und dann im Anschluss an den positiven Ertrag der aus der früheren Untersuchung gewonnenen Origenischen Freiheitslehre das aus der Synthese sich ergebende Resultat näher festzustellen, ob der offenkundige Eclecticismus des Kirchenvaters auf verwandte Elemente in der sittlichen Weltanschauung der Griechen überhaupt oder vielleicht nur bezüglich der Voraussetzungen und Consequenzen der in Frage kommenden Lehre schliessen lässt, in welch' letzterem Falle lediglich ein äusserer Zusammenhang statuirt werden kann.

Bin ich Täter meiner Handlungen, der bösen wie der guten, oder nur ein willenloses Werkzeug in höherer Hand, vorherbestimmt zu einem Ziele mitzuwirken, welches ich mir nicht selbst gesteckt habe? Auf Letzteres haben die Meisten mit Nein geantwortet, weil sich eines Jeden Selbstgefühl dagegen sträubt, dass er nur willenlos auf Erden handeln solle. Dringt man aber weiter ins Einzelne, verlangt man nähere Erklärungen, zieht man den Begriff der Vorsehung, der göttlichen Allmacht und Allwissenheit in den Kreis der Betrachtung herein, so trifft man auf Meinungen und Ansichten, die in unendlicher Verschiedenheit von einander abweichen. So ist z. B. das Problem des Bösen eines der ältesten, welches die philosophischen und theologischen Schulen beschäftigt hat und in der Lösung desselben sind die verschiedenartigsten Versuche schon angestellt worden. In der griechischen Philosophie ist es zuerst Plato, der sich mit der Erklärung seines Ursprungs eifrig beschäftigt, es ist nach ihm die Materie und etwas Notwendiges; nach Aristoteles existirt es an und für sich gar nicht, es ist lediglich eine Unvollkommenheit des Seins, die Stoiker führen das Gute auf die Natur, das Böse auf das, was ihr conträr ist, zurück; Plotin endlich definirt es nach dem Vorgang des Stagiriten als ein Defect des Seins, setzt aber das Princip dieser Imperfectibilität in die Materie. Eine Art Imputation kannten die griechischen Philosophen wohl auch, dass nämlich Jeder von seinen Handlungen wisse und sie in ihrem ganzen Umfang zu vertreten habe, sobald er der dem Menschen unerlässlichen Erziehung teilhaftig geworden ist, doch werden wir schwerlich irre gehn, wenn wir sagen, dass die sittliche Freiheit in der griechischen Welt zwar zum ahnenden Ausdruck gekommen ist, dass aber bei dem schwankenden, unklaren Character ihres Begriffes, dieselbe allzuoft in ihr Gegenteil umgeschlagen hat. Die philosophische Ethik des Altertums zeigt sich nach dieser Seite hin als ein consequentes Widerspiel der theoretischen Weltanschauung, wie das Wehrenpfennig ihren Principien nach in verdienstvoller Weise nachgewiesen hat[1]). Wir haben im Lauf unsrer früheren Untersuchung des Oefteren gesehn, dass ein mehr oder minder scharf hervortretender Determinismus, ein mitunter rücksichtsloser Particularismus im Grossen und Ganzen die Signatur der griech. Ethik bildet. Dieses characteristische Hauptmerkmal steht in diametralem Gegensatz zu der Origenischen Freiheitslehre, so weit abgesehn wird von ihren metaphysischen Unterbauten und den cosmologischen und teleologischen Speculationen, welche sammt und sonders von den griech. Schulen herzuleiten sind. Als Philosoph ist Origenes ausgesprochener Indeterminist, er hat die nackte Wahlfreiheit

---

[1]) Die Verschiedenheit d. eth. Princ. bei d. Hellenen. 1856.

auf das Piedestal des obersten sittlichen Princips gehoben: allerdings bleibt er in der Definition seines Freiheitsbegriffs bei der formalen Seite derselben stehn als der Fähigkeit, sich unter all' den verschiedenen Tätigkeiten ebensowohl für das Eine als für das Andre zu entscheiden. Durchgehends huldigt er in der Aufstellung seines dogmatischen Gebäudes der Ansicht, dass ein jedes vernünftige Wesen das Vermögen besitze, statt des Guten und Richtigen auch das Verkehrte zu wählen, doch haben wir auch sein Bestreben nicht verkennen können, ebenfalls der göttlichen Tätigkeit einigen Anteil zukommen zu lassen, und hierin liegt eben das Theologische seines Freiheitsbegriffs. Als christlicher Theologe ist Origenes ebensowenig Determinist als Indeterminist, seinen Standpunct könnten wir am Besten bezeichnen als den semipelagianischen. Diese hier zum Vorschein kommende Antinomie in seiner Freiheitslehre, in der er der freieren Ansicht von der Selbstbestimmung des Menschen den grössten Raum gestattet, zu heben war er ausser Stande, doch gebührt ihm das Verdienst, die Fragen über die Freiheit des menschlichen Willens, über das Böse und die moralische Weltordnung, die besonders seit dem gnostischen πόθεν ἡ κακία die Gemüter vielfach beschäftigten, in der christlichen Kirche angeregt zu haben, wenngleich es ihm nicht gelungen ist, sie einer sicheren Lösung entgegenzuführen.

Es wäre sicherlich das Zeichen eines vorurteilsvollen Geistes, wenn man bei der unleugbaren Fusion christlicher Lehren und heidnischer Doctrinen in den Systemen der Kirchenlehrer aus den ersten christlichen Jahrhunderten — spricht man doch allgemein von einem Platonismus der Kirchenväter — sich der Ansicht verschliessen wollte, dass Origenes als Schüler des Clemens und des Ammonius[1], eine Einwirkung auch in Betreff seiner Freiheitsidee sowohl in ihrer inhaltreichen Durchführung z. B. in ihren unmittelbaren Voraussetzungen und

---

[1] Ritter erklärt sich in seiner „Geschichte der Philosophie" V, pg. 576 Anm. 1 entschieden gegen diese weitverbreitete Annahme, doch halten wir sie für die plausibelste.

Folgerungen als in der Form und der Terminologie erfahren habe. Wir dürfen es nie vergessen, dass die Geschichte der christlichen Philosophie und Ethik als solche auch Geschichte der Philosophie und Ethik überhaupt ist, und so erwächst uns die Aufgabe, den Faden, an dem die antike Philosophie sich in die christliche Zeit noch hineinzieht, auch in der christlichen Theologie zu verfolgen[1]). In der Besprechung der einzelnen Philosophenschulen sind die gegenseitigen Beziehungen in manchen sehr wichtigen Puncten hervorgehoben worden. Tatsache ist für uns, dass Origenes der antiken Philosophie nicht etwa nur einen formalen Einfluss auf die Gestaltung seiner Dogmen gestattete, auch die Bruchstücke der Wahrheit selber, welche er vereinzelt in den verschiedenen Philosophemen antraf, wollte er zusammenbringen und in einem Ganzen vereinigen. Ob er nun direct die Quellen benutzt und die griechischen Philosophen selber gründlich studirt hat, oder ob die auffallende Aehnlichkeit und Verwandtschaft in manchen seiner Partieen mit denselben dem Einfluss eines Philo oder eines Ammonius zuzuschreiben ist, kann hier nicht weiter untersucht werden; wir sind beinahe geneigt, das zweite anzunehmen; denn dass Philo's Lehre ein wichtiges Ferment für die Entwicklung der Speculation in der Folgezeit geworden, ist zu bekannt, als dass wir dies noch besonders hervorhöben[2]). Die Meinung aber, dass Origenes auf den Schultern des Neuplatonismus stehe, haben wir bereits früher abgewiesen, es ist unseres Erachtens keines dieser beiden Systeme aus dem anderen herausgewachsen, und wenn sich bei einzelnen Fragen ein Ausgleichen des Gegen-

---

[1]) Clem. Alex: „Wie der Zweig des edlen Oelbaumes dem wilden aufgepfropft, demselben den besseren Saft zur Veredelung mitteilt und den Reichtum seiner Fruchtbarkeit, den er eben dadurch veredle, sich selbst aneignet, so soll durch die rechte Gnosis vom Glauben aus dem Reichtum hellenischer Bildung angeeignet und mit einem neuen Verklärungsprincip durchdrungen werden."

[2]) Denis a. a. O. Quant aux doctrines platoniciennes elles figurent toujours chez lui sous la livrée orientale, dont les avait affublées Numénius et Philon, celui-ci est le vrai héros d'Origène . . . .

standes kundgibt, so ist dies daraus herzuleiten, dass beide ein drittes zur Vorlage hatten[1]).

Die Freiheitslehre des Origenes — dahin fassen wir jetzt unser Gesammturteil zusammen — enthält zwei heterogene Elemente, ein ethnisch-philosophisches, welches in seiner Doctrin besonders der ausserweltlichen Betätigung zu Grunde liegt, doch auch mannigfache Anwendung findet in seinen anthropologischen Bestimmungen, und ein christlich-theologisches, nach welchem das Verhältniss der menschlichen Freiheit zu der göttlichen Gnadenordnung semipelagianisch gedacht und bestimmt wird. Nicht blos die wissenschaftliche Form und Methode des philosophischen Elementes ist specifisch hellenisch, sondern auch die ganze Richtung seiner Speculationen, inhaltlich gewürdigt, setzt die geschichtliche Entwicklung der antiken Ethik grösstenteils voraus. Die Freiheitslehre, so wie sie uns in den Schriften des Origenes durchgehends vorgetragen wird, kommt an diejenige, welche Aristoteles in der Nicomachischen Ethik vertritt, am nächsten heran, doch sind ihre Prämissen und Consequenzen sammt und sonders den cosmologischen und teleologischen Theorieen des Plato und der Stoa entnommen. In diesem Puncte hat der christliche Philosoph Alles nur Brauchbare in seiner Synthese aufgenommen und es nach seinem Geschmack geformt: doch hat er sich nicht immer so ohne Weiteres den adoptirten Doctrinen gebeugt, gar oft hat er der Anderen Lehren modificirt und corrigirt unter dem Vorwande, sie zu interpretiren,

---

[1]) Dieser von uns vertretenen Ansicht, wonach Origenes erst aus zweiter Linie mit den griech. Philosophen bekannt geworden sei, und zwar nur mit den namhaftesten, steht das Citat des Porphyrius bei Euseb gegenüber, nach welchem er keines der wichtigeren Systeme unbeachtet gelassen und nur selbständig aus den Quellen geurteilt haben soll: es zeigt aber seine ganze Lehrweise zur Genüge, dass er einer genaueren Kenntniss derselben ermangelte, und so haben wir seine umfassende Belesenheit im Allgemeinen mehr zu betonen als die Gründlichkeit seiner historischen Studien. — Vgl. Zeller III, 1 pg. 446 „soweit sich der Neuplatonismus mit dem Christentum berührt, wird man sich dies nur aus der allgemeinen geistigen Atmosphäre und den Zuständen der Zeit, in der er entstanden ist, zu erklären haben".

und hat auf diese Weise den antiken Schulen Gelegenheit gegeben in den Propyläen seines geistreichen Dogmengebäudes ein Unterkommen zu finden.

Doch, wir dürfen über dem Philosophen den Theologen nicht ganz vergessen; ist er auch nicht der Gefahr entgangen, dem Idealismus, den er recht eigentlich von der Griechenwelt geerbt hatte, den gebührenden Tribut zu zahlen dadurch, dass er manche specifisch christliche Idee und Lehre mit fremden Elementen versetzte und trübte, — und dafür bietet seine Lehre von der Freiheit die trefflichste Illustration — so war er doch der Letzte, der daran dachte, das Christentum mit der heidnischen Philosophie zu einem Ganzen zu verschmelzen. Er wollte nur, wie er selbst sagt, „auf der Grundlage der allgemeinen Kirchenlehre ein Gebäude der Wissenschaft errichten, aus den einzelnen Lehren und Sätzen eine zusammenhängende Reihe bilden, das Wahre an jedem durch klare, bündige Beweise teils aus der Schrift teils aus eigener Speculation ermitteln und Alles in ein systematisches Ganze gleichsam zu einem Körper verbinden". Wenn er bei solchem Versuche seinem Programm auch nicht ganz treu geblieben ist und manchmal über's Ziel hinaus geschossen hat, so wollen wir ihm dennoch, der im Dienst der Wahrheit seine beste Kraft verzehrt und den Undank der späteren Welt so arg erfahren hat, seine Originalität zu Gute halten; nur mit dem Gefühl der höchsten Bewunderung scheiden wir von diesem tapfern Vorkämpfer für freie Wissenschaft, dem geschworenen Gegner engherziger Buchstabentheologie.

Vita.

Ich, Carl Klein, wurde geboren zu Buchsweiler im Unter-Elsass den 9. October 1861, besuchte die Realschule und dann das Gymnasium meiner Vaterstadt vom Herbst 1871 bis 1881, bezog nach Erlangung des Gymnasialabsolutoriums die Universität Strassburg, später Jena, kehrte dann wieder nach Strassburg zurück. Nach Erledigung des vierjährigen theologischen Studiums bestand ich daselbst das Staatsexamen. Während dieser Studienzeit, in welcher ich neben den specifisch theologischen Disciplinen auch dem Studium der Geschichte und Philosophie oblag, besuchte ich vornemlich die Vorlesungen der Herren Professoren Reuss, Holtzmann, Krauss, Laas, Weber, Baumgarten, Hase, Lipsius, Hilgenfeld und Ziegler. Auf Weihnachten 1885 wurde ich zum Vicar in Zabern ernannt, im Juli 1887 als Pfarrer von Reitweiler bei Strassburg i. Els. bestätigt, in welcher Stellung ich bis zur Stunde mich befinde.

Reitweiler, im November 1893.